# PIANO

*Adventures*® *de Nancy y Randall Faber*

EL MÉTODO BÁSICO PARA PIANO

T0079448

Este libro pertenece a: _____

Traducido y editado por Isabel Otero Bowen,
Ana Cristina González Correa y Mauricio Ramírez

Agradecimiento a Mintcho Badev y Mario H. Bolio
Coordinador de producción: Jon Ophoff
Portada e ilustraciones: Terpstra Design, San Francisco
Grabado y tipografía: Dovetree Productions, Inc.

ISBN 978-1-61677-693-0

# ÍNDICE

IEFF8011ES

# Patrones rítmicos de semicorcheas

**1.** En la *tapa cerrada del piano*, marca los ritmos con las manos juntas, contando en voz alta.

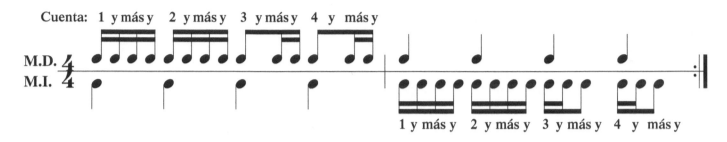

## NUEVO: corchea con puntillo y semicorchea

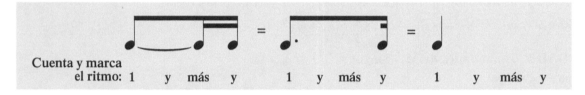

**2.** En la *tapa cerrada del piano*, marca los ritmos con las manos juntas, contando en voz alta.
Prueba un tempo más rápido, omitiendo el primer "y" al contar (1 __ más y).

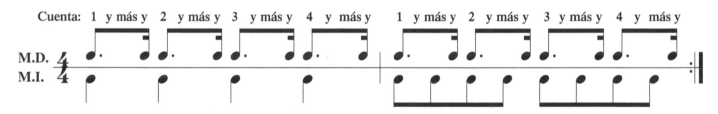

## Marcha fúnebre

### Tonalidad de ____ menor

**3.** Toca y cuenta en voz alta.

Frédéric Chopin
(1810-1849, Polonia)
de la Sonata No. 2

Lento (♩ = 46)

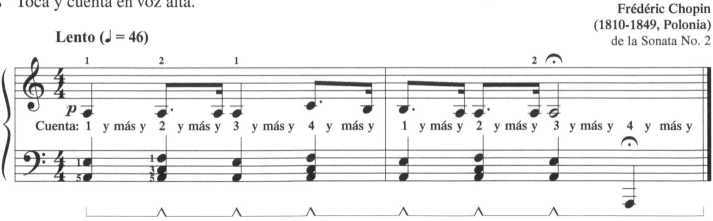

**Forma binaria o forma AB**
Recuerda: "binaria" significa que tiene dos secciones. **Ambas** secciones se repiten.

sección  sección

|: **A** :|: **B** :|

# Marcha de los soldados
## Op. 68, No. 2

**Tonalidad de ___ mayor**

Robert Schumann
(1810-1856, Alemania)
versión original

# Motivo y secuencia

**Motivo:** un patrón musical corto.

**Secuencia:** un patrón musical que se repite a una altura diferente (más alto o más bajo).

• Toca y escucha esta secuencia usada en la siguiente pieza.

# La feria medieval

**Tonalidad de ____ menor**

**Moderado (♩. = 63-76)**

N. Faber

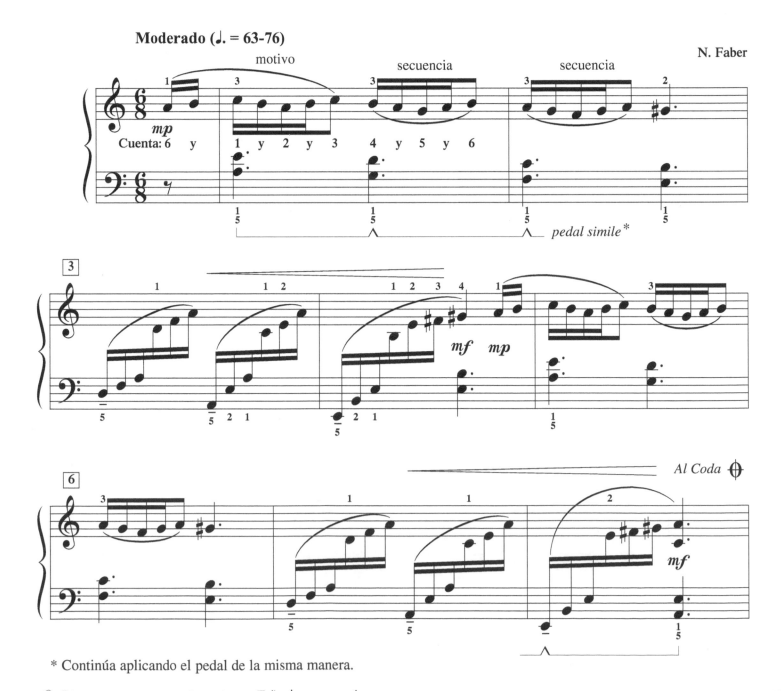

\* Continúa aplicando el pedal de la misma manera.

Técnica e interpretación, página 7 (La locomotora)

IEFF8011ES

**Revisa la armonía:** nombra los cuatro acordes usados en los *compases 1-2*.
Mira las notas de la M.D. para saber si los acordes son mayores o menores.

## Acciaccatura

La *acciaccatura* es una nota pequeña con la plica atravesada por una raya. Es una nota de adorno que se toca rápidamente antes de la nota siguiente.

- Escucha cómo tu profesor toca los *compases 30-33*. ¿Dónde están las *acciaccaturas*?

# Canción de la India
### de la ópera *Sadko*

**Tonalidad de _____ mayor**

Nikolai Rimsky-Korsakov
(1844-1908, Rusia)
adaptación

*ped. simile*

Técnica e interpretación, página 5 (Secreto #3: Círculos de muñeca), páginas 8-9 (El río nevado), página 10 (Semicírculos, Ecos de la India)

IEFF8011ES

 **DESCUBRIMIENTO**

**Revisa la armonía:** mira la M.I. en los *compases 17-24* e identifica cada acorde quebrado como SOL mayor o SOL menor.

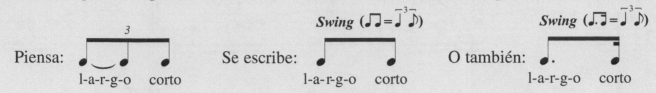

**Repaso:** en el ritmo de *swing* las corcheas se tocan usando un patrón *largo-corto*.

Nuevo: este patrón se puede escribir con **corcheas** o con **corcheas con puntillo y semicorcheas**.

Piensa: l-a-r-g-o corto

Se escribe: l-a-r-g-o corto

O también: l-a-r-g-o corto

# New Orleans, 1928

N. Faber

Técnica e interpretación, página 5 (Secreto #4: *Staccatos* precisos), página 11 (Piruetas en *staccato*), páginas 12-13 (Sobre las olas)

IEFF8011ES

**Dal Segno al Coda**: "del signo a la coda".
Vuelve al 𝄋 y toca hasta ⊕, luego salta a la Coda.

*D.S. 𝄋 al Coda*

*Coda*

*(prepara la M.I.)*

**DESCUBRIMIENTO**

¿Cuál de las dos formas de escribir el patrón se usa en la siguiente pieza?

# Escribe y cuenta ritmos de semicorcheas

**1.** Copia cada **ritmo con su conteo** en el compás vacío.
Luego marca el ritmo completo mientras cuentas en voz alta.

a.

*1 y más y 2 y más y 3 y más y 4 y más y*

*(escríbelo)*

b.

*1 y más y 2 y más y 3 y más y*

*(escríbelo)*

c.

*1 y más y 2 y más y 3 y más y 4 y más y*

*(escríbelo)*

d.

*1 y 2 y 3 4 5 6*

*(escríbelo)*

**2.** ENTRENAMIENTO AUDITIVO

• Tu profesor marcará un pulso estable por *un compás completo*. Luego marcará el ritmo **a** o el ritmo **b**. Encierra en un círculo el ritmo que escuches.

• ¡Ahora marca alguno de los ritmos para que tu profesor lo reconozca!

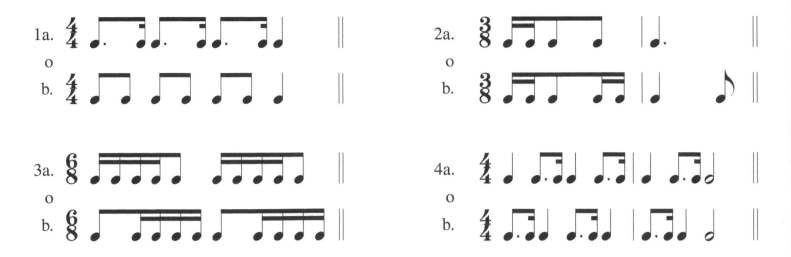

1a.
o
b.

2a.
o
b.

3a.
o
b.

4a.
o
b.

IEFF8011ES

**3.** Toca este **motivo** y las dos **secuencias**. ¿Puedes tocar tres secuencias más, comenzando en FA, SOL y LA?

**4.**
- Escribe las **secuencias** para completar la siguiente pieza. Pista: los intervalos y el ritmo se deben mantener.

- Ahora toca la *Danza campesina*.

# Escribe una danza campesina

# Tónica, subdominante y dominante

**1.** Repaso: una tríada es un acorde de 3 notas formado por 3.$^{as}$.

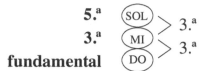

5.ª (SOL) ⟩ 3.ª
3.ª (MI) ⟩ 3.ª
fundamental (DO) ⟩ 3.ª

**Los acordes mayores y menores y sus inversiones son tríadas.**

**2.** Estudia y memoriza estos términos musicales para las tríadas de **I**, **IV** y **V**.

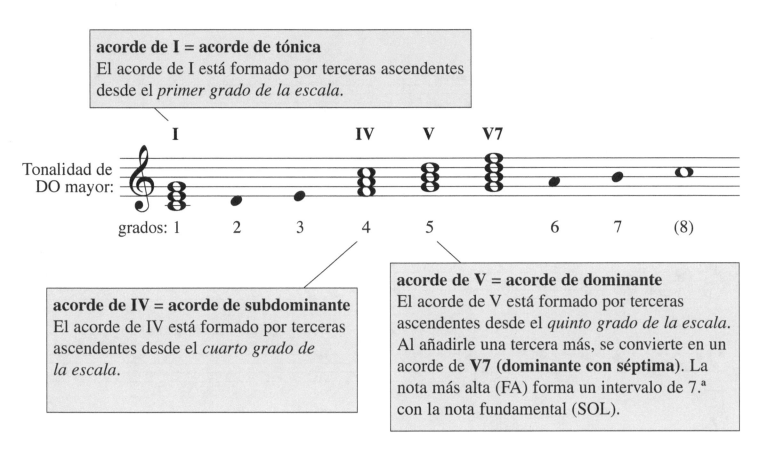

**acorde de I = acorde de tónica**
El acorde de I está formado por terceras ascendentes desde el *primer grado de la escala.*

Tonalidad de DO mayor:

grados: 1 2 3 4 5 6 7 (8)

**acorde de IV = acorde de subdominante**
El acorde de IV está formado por terceras ascendentes desde el *cuarto grado de la escala.*

**acorde de V = acorde de dominante**
El acorde de V está formado por terceras ascendentes desde el *quinto grado de la escala.* Al añadirle una tercera más, se convierte en un acorde de **V7 (dominante con séptima)**. La nota más alta (FA) forma un intervalo de 7.ª con la nota fundamental (SOL).

## 3. Estudio de escalas y acordes básicos (página 15)

Durante este nivel practicarás el siguiente estudio en varias tonalidades.
Esto te ayudará a desarrollar tus conocimientos de armonía.

En general, sigue los siguientes pasos al practicar este tipo de ejercicios:

- Primero toca la **escala** con las *manos separadas*.

- Cuando se vuelva fácil, tócala con las *manos juntas*, seguida de los acordes quebrados de **I**, **IV** y **V** con sus inversiones. Completa el estudio con los acordes en bloque.

- Memoriza el estudio completo.

IEFF8011ES

- Primero toca la **escala de DO mayor** con las manos separadas. Cuando estés listo, tócala con las manos juntas.
- Memoriza el estudio completo.

# Estudio en DO mayor

### Escala y acordes básicos

# Cadencias

Una **cadencia** es una progresión armónica que conduce a un *punto de reposo* en la música.

Las cadencias ocurren al final de una frase, una sección o una pieza.

Las cadencias generalmente terminan en un acorde de **I** o **V**.

• Toca estas cadencias en DO mayor. *Escucha* y siente los puntos de reposo en la música.

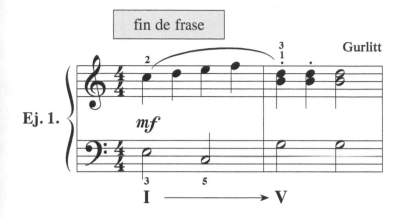

• Mira las **cadencias** marcadas. ¿Puedes sentir los puntos de reposo al tocar?

• Las notas con cruces de la M.I. tienen indicaciones de *tenuto*. Déjalas resonar sobre el acompañamiento de la M.D.

# Las campanas distantes

### Op. 63, No. 6

**Tonalidad de _____ mayor**

J.L. Streabbog
(1835-1886, Bélgica)
versión original

**Andante (♩ = 66-80)**

¡déjala resonar!

cruza la M.I.

ped. simile

Técnica e interpretación, página 5 (Secreto #5: Rotación),
página 14 (*Sprint* con rotación, Campanadas en la neblina)

IEFF8011ES

cadencia: SOL7 (SOL con séptima) resuelve en DO

**Revisa la armonía:** en los *compases 1-6*, identifica cada acorde como **I** o **V7**.

## Ejercicio de calentamiento en DO mayor:
## V7 en posición fundamental

**M.I.**

**DO** — Tó - ni - ca_____ su - be al quin - to gra - do. **SOL** Do - mi - nan - te uno, tres, cinco,

**6** **SOL7** *quebrado — uno, tres, cinco, siete, **SOL7** en bloque — **V7** sin 3.ª sin 5.ª **DO** — **I** **SOL7** — **V7** **DO** — **I**

\* Ver la página 21.

• Mira las **cadencias** marcadas.
  ¿Puedes sentir los puntos de reposo?

# Sonatina
### Op. 36, No. 1, 3.ᵉʳ movimiento

**Muzio Clementi**
(1752–1832, Italia)
versión original

Vivace (♩. = 66-72)

*p*

*legato*

¿cadencia en **I** o **V**? (*encierra en un círculo el acorde correcto*)

**5**

**9**

*f*

¿cadencia en **I** o **V**?

¿cadencia en **I** o **V**?

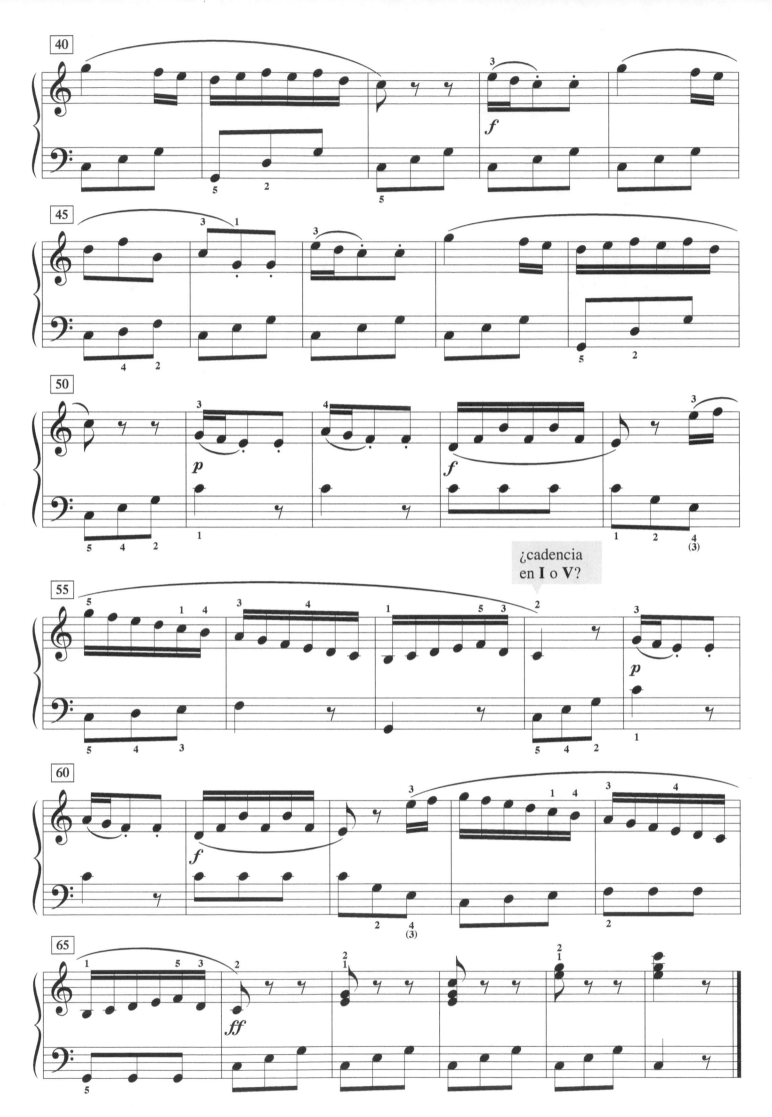

¿cadencia
en **I** o **V**?

IEFF8011ES

# Nombres y funciones de los acordes

**1.** Cada acorde tiene su nombre y también su función dentro de la tonalidad (indicada por un número romano). Fíjate que los nombres de los acordes se ponen *arriba* del pentagrama, y los números romanos *debajo*.

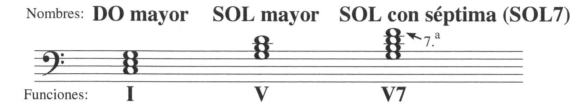

Nombres: **DO mayor**    **SOL mayor**    **SOL con séptima (SOL7)**

Funciones: **I**      **V**      **V7**

**2.** Armoniza esta pieza con el acorde de V7 en posición fundamental:

- Escribe **I** o **V7** en los *compases 1-4*.

- Escribe los acordes en los *compases 5-16*. Luego escribe **I** o **V7** en los recuadros.

- Ahora toca la melodía y los acordes juntos.

# Armoniza una "llamada de corno"

### del *Concierto No. 2 para corno*

Wolfgang Amadeus Mozart
(1756-1791, Austria)

**Enérgico (♩. = 66)**

Números romanos: **I**

(sin 3.ª)

**5**

**11**

# Tres tipos de escalas menores: naturales, armónicas y melódicas

**Repaso:** cada armadura puede representar dos tonalidades, una **mayor** y otra **menor**.

La tonalidad menor se llama *relativa menor*. Se puede encontrar fácilmente al contar **3 semitonos** hacia abajo desde la tónica de la tonalidad mayor (la *relativa mayor*).

• Toca los siguientes ejemplos, contando los semitonos.

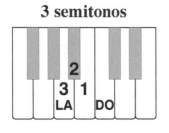

**LA menor** es la relativa menor de **DO mayor**.

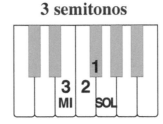

**MI menor** es la relativa menor de **SOL mayor**.

## Escala menor natural: usa solamente las notas definidas por la armadura.

• Toca la escala de LA menor natural.

## Escala menor armónica: se forma al *subir un semitono el 7.º grado* de la escala menor natural.

• Toca la escala de LA menor armónica.

## Nuevo: escala menor melódica. Se forma al *subir un semitono el 6.º y el 7.º grado* de la escala menor natural. Sin embargo al bajar se usa la escala menor natural.

• Toca la escala de LA menor melódica.             *¡Menor natural al bajar!*

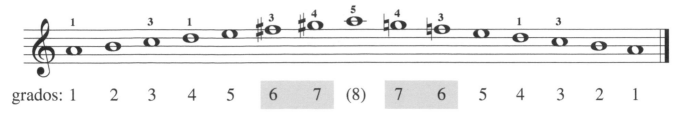

grados:  1    2    3    4    5    6    7   (8)   7    6    5    4    3    2    1

- Primero toca las **escalas de LA menor** con manos separadas. Cuando estés listo, toca con las manos juntas.

- Memoriza el estudio completo.

# Estudio en LA menor

**Escalas y acordes básicos**

**Suave y fluido** (♩ = 50-88)

\* Los grados menores se cifran con letras minúsculas.

# Ejercicio de calentamiento en LA menor

- Fíjate que los acordes de **V** (MI) y **V7** (MI7) son **mayores**, incluso en las tonalidades menores. Recuerda que la alteración SOL# se usa en la escala de LA menor armónica, donde esta nota es la *sensible*.

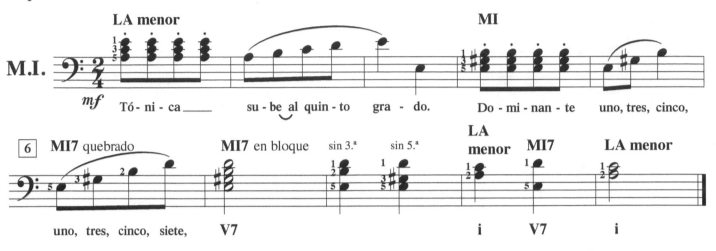

# Arabesco
### Op. 100, No. 2

Johann Friedrich Burgmüller
(1806-1874, Alemania)
versión original

**Allegro scherzando** (juguetón) (♩ = 112-120)

Técnica e interpretación, página 18 (Gestos "arabescos", Acordes en adagio), página 19 (Gran ejercicio en LA menor)

IEFF8011ES

**Revisa la armonía:** ¿cuál es la *relativa mayor*? _____

Encuentra dos compases consecutivos del **acorde de V7** en la tonalidad relativa mayor.

# Andante
## (de la *Introducción al piano*)

En esta pieza se usa un **motivo de 2 notas** que es *secuenciado* subiendo por el teclado.

J.C. Bach y F.P. Ricci
(1735-1782) y (1732-1817)
versión original

Técnica e interpretación, páginas 20-21 (Cascadas de cristal)

IEFF8011ES

# Escribe las escalas de LA menor

**1.** Escribe correctamente las escalas de **LA menor**, *ascendentes* y *descendentes*.
Usa redondas. Incluye todas las **alteraciones** ( ♯ ♭ ♮ ) subiendo y bajando (mira la página 22).

**LA menor natural**

M.D.

**LA menor armónica**   Recuerda que las alteraciones se escriben siempre **antes** de la nota.

M.I.

**LA menor melódica**

M.D.

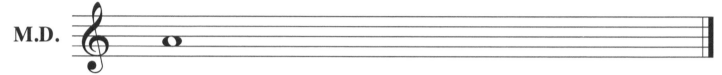

**2.** Escribe los **nombres de los acordes** en los recuadros. Luego identifica cada uno como **i**, **iv**, **V** o
**V7** en la tonalidad de LA menor. Pista: algunos de los acordes pueden estar en inversión.

| LA menor | | | | |

Ej. _i_   ___   ___   ___   ___

# Improvisación: La fiesta

**3.** • Ahora aprende este **acompañamiento en LA menor**. Tócalo mientras tu profesor *improvisa*
una melodía en el registro alto, usando las notas de la **escala de LA menor armónica**.

  • ¡Cambien de papeles! Improvisa tú mientras tu profesor toca el acompañamiento.

* Cuantas veces quieras.

# Estudio en SOL mayor

### Escala y acordes básicos

- Practica la escala primero con manos separadas, luego juntas.
- Memoriza el estudio completo.

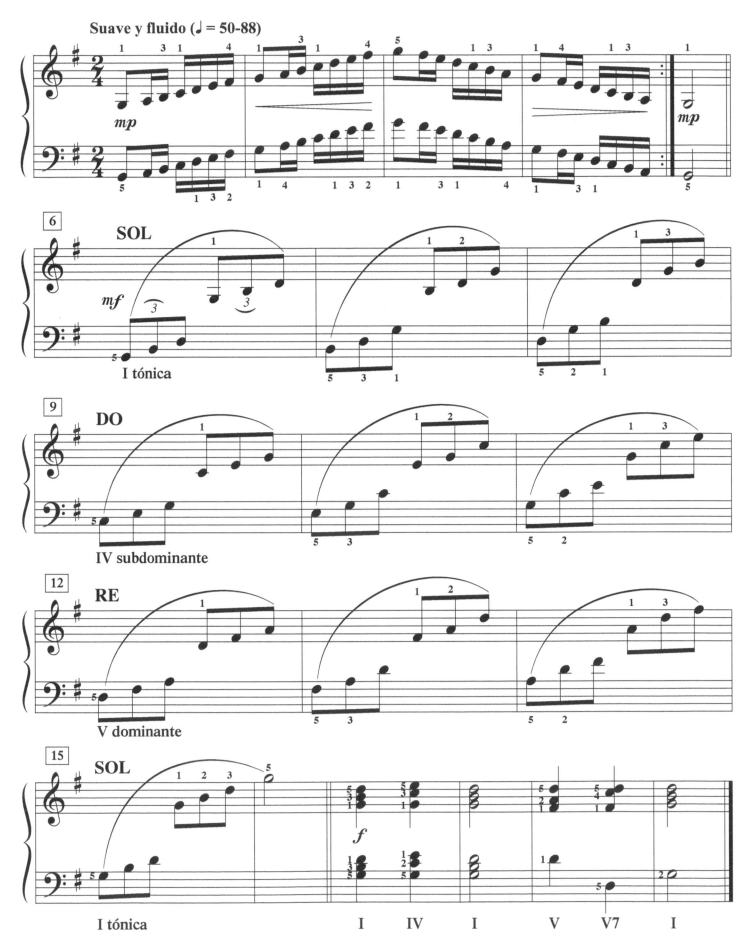

**Suave y fluido** ( ♩ = 50-88)

*mp*

*mp*

**6** SOL

*mf*

I tónica

**9** DO

IV subdominante

**12** RE

V dominante

**15** SOL

I tónica      I   IV   I    V   V7   I

*f*

IEFF8011ES

- Practica las escalas primero con manos separadas, luego juntas.
- Memoriza el estudio completo.

# Estudio en MI menor

## Escalas y acordes básicos

# Ejercicio de calentamiento en SOL mayor

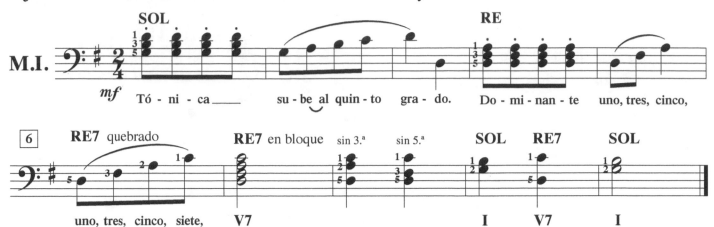

**M.I.**

*mf* Tó - ni - ca ___ su - be al quin - to gra - do. Do - mi - nan - te uno, tres, cinco,

⑥ **RE7** quebrado **RE7** en bloque sin 3.ª sin 5.ª **SOL** **RE7** **SOL**

uno, tres, cinco, siete, V7 I V7 I

## Revisa la armonía:

- Escribe los nombres de los acordes en los *compases 1-8*.
  Fíjate en los números romanos debajo.

# Escocesa

Ludwig van Beethoven
(1770-1827, Alemania)
versión original

Allegretto (♩ = 84-100)

Ej. SOL

I

V7

③

V7 I I

⑥

V7 V7 I

📖 Técnica e interpretación, página 22 (Máquina de octavas), página 23 (Gran ejercicio en SOL mayor),
página 24 (Gavota en SOL mayor)

IEFF8011ES

¿La sección **B** comienza con la tónica o con la dominante?
Mira la nota más grave en el *compás 9*.

# Ejercicio de calentamiento en MI menor

- Recuerda que en las tonalidades menores los acordes de **V** y **V7** son **mayores**.
  La alteración RE# se usa en la escala de MI menor armónica, donde esta nota es la *sensible*.

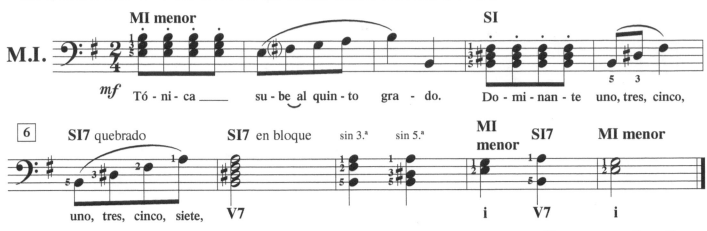

**Trino (tr~):** alternar rápidamente dos notas vecinas.
Tu profesor te mostrará cómo hacerlo.

# Canto de los remeros del Volga

**Fuerte, audaz (♩ = 84-92)**

Melodía tradicional de Rusia

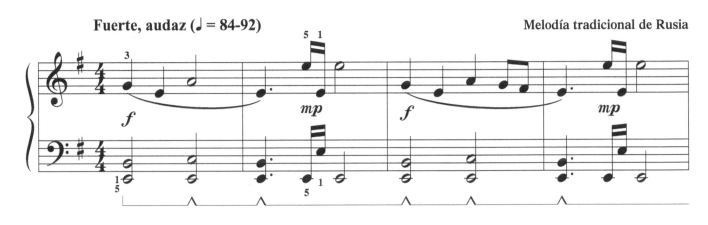

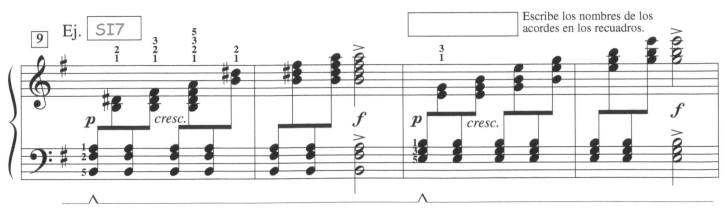

Escribe los nombres de los acordes en los recuadros.

Técnica e interpretación, página 25 (Gran ejercicio en MI menor), página 26 (Patrón de acordes en MI menor, Preludio en MI menor)

IEFF8011ES

A menudo los compositores usan la tonalidad
mayor y su relativa menor en la misma pieza.

- La forma de esta pieza es **ABA**.
  Marca la sección **B**. ¿Cuál es la tonalidad? _____

**Pista:** toca solo la M.I. con pedal. Mantén la muñeca en
movimiento para conectar con elegancia las notas alejadas.

# Chanson*

**Tonalidad de ____ mayor**

N. Faber

* "Canción" en francés.

Técnica e interpretación, páginas 27-29 (Armonía angelical)

IEFF8011E

# Armoniza una melodía

**1.** • Escribe **SOL** o **RE7** *arriba* del pentagrama.
Escribe **I** o **V7** *debajo* del pentagrama.

• Escribe los acordes en los *compases 5-8*.

• Ahora toca la melodía y los acordes juntos.

Mauro Giuliani
(1781-1829, Italia)

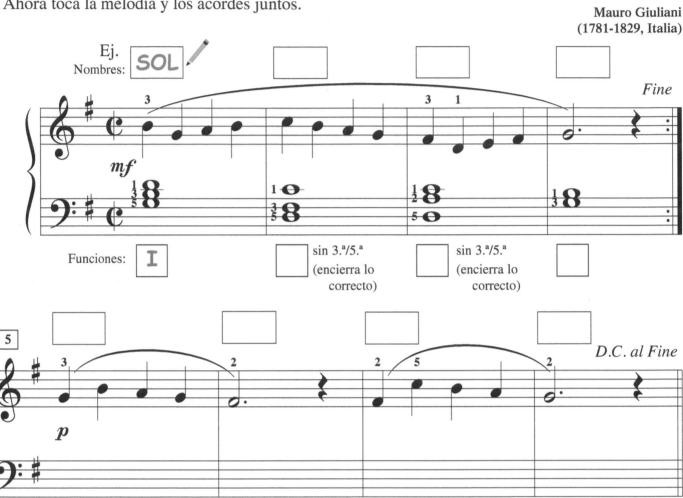

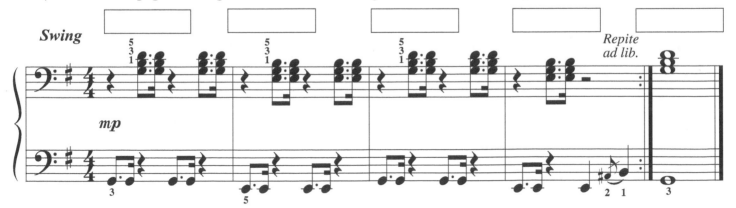

## Improvisación en SOL mayor

**2.** • Primero escribe los nombres de los acordes (**SOL** o **MI menor**) en los recuadros.

• Aprende este **acompañamiento en SOL mayor**. Tócalo mientras tu profesor *improvisa* una melodía en el registro alto, usando las notas de la **escala de SOL mayor**.

• ¡Cambien de papeles! Improvisa tú mientras tu profesor toca el acompañamiento.

IEFF8011ES

# Escribe las escalas de MI menor

**1.** Escribe correctamente las escalas de MI menor *ascendentes* y *descendentes*.
Usa redondas. Incluye todas las alteraciones subiendo y bajando (mira la página 29).

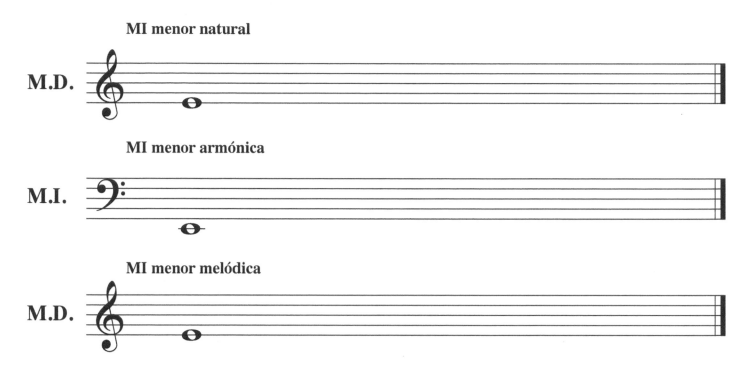

**MI menor natural**

M.D.

**MI menor armónica**

M.I.

**MI menor melódica**

M.D.

**2.** Escribe los **nombres de los acordes** en los recuadros. Luego identifica cada uno como **i**, **iv**, **V** o **V7**
en la tonalidad de MI menor. Pista: algunos de los acordes pueden estar en inversión.

LA menor

Ej. ___iv___      ___      ___      ___      ___

# Improvisación: La laguna nublada

**3.** • Ahora aprende este **acompañamiento en MI menor**. Tócalo mientras tu profesor *improvisa*
una melodía en el registro alto, usando las notas de la escala de **MI menor armónica**.

• ¡Cambien de papeles! Improvisa tú mientras tu profesor toca el acompañamiento.

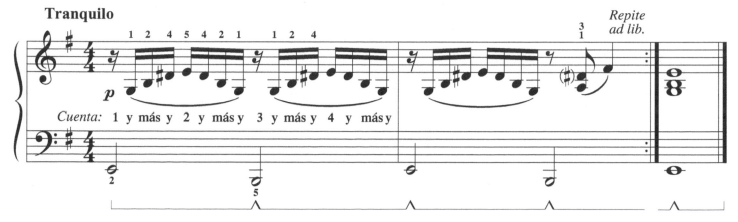

**Tranquilo**

*Cuenta:* 1 y más y 2 y más y 3 y más y 4 y más y

# Estudio en FA mayor

### Escala y acordes básicos

- Practica la escala primero con manos separadas, luego juntas.
- Memoriza el estudio completo.

Suave y fluido (♩ = 50-88)

IEFF8011E

- Practica las escalas primero con manos separadas, luego juntas.
- Memoriza el estudio completo.

# Estudio en RE menor

### Escalas y acordes básicos

**Suave y fluido (♩ = 50-88)**

# Ejercicio de calentamiento en FA mayor

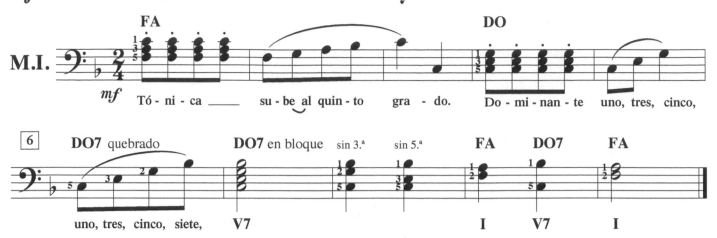

M.I.

FA

*mf* Tó - ni - ca ____ su - be al quin - to gra - do. DO Do - mi - nan - te uno, tres, cinco,

**6** DO7 quebrado    DO7 en bloque   sin 3.ª   sin 5.ª   FA   DO7   FA

uno, tres, cinco, siete,    V7              I      V7     I

# Fantasía *jazz*

- Encuentra una ***acciaccatura*** en esta página.

N. Faber

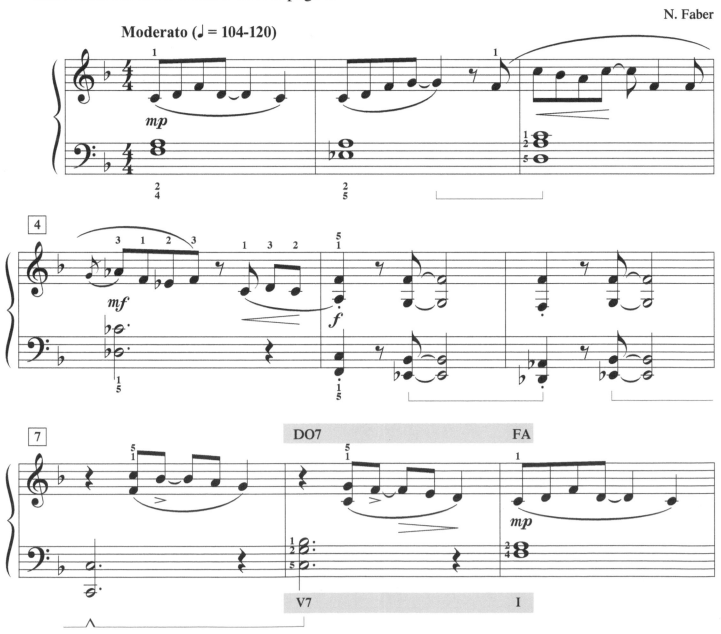

Moderato (♩ = 104-120)

*mp*

**4**

*mf*

*f*

**7**

DO7                     FA

*mp*

V7                      I

Técnica e interpretación, página 30 (Patrones virtuosos de escalas), página 31 (Estudio de *staccato* en FA mayor)

IEFF8011ES

**Cambio de signo de compás.**
Mantén el mismo pulso de corcheas.

**Revisa la armonía:** encuentra dos progresiones armónicas **FA-MI♭-RE♭-MI♭**.

# Ejercicio de calentamiento en RE menor

**Revisa la armonía:**
* Escribe los nombres de los acordes en los recuadros.

# Canción de amor de Kanding

Canción tradicional de la China
adaptación: N. Faber

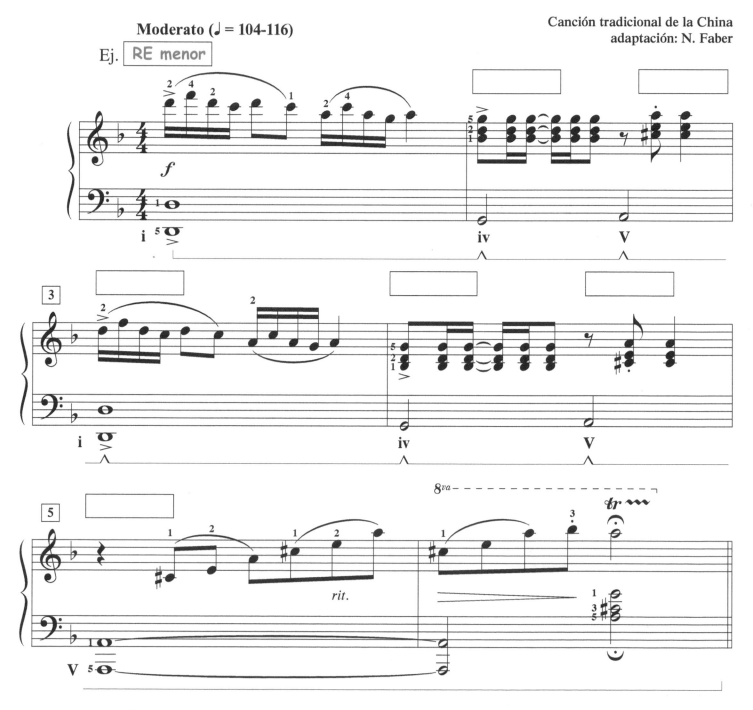

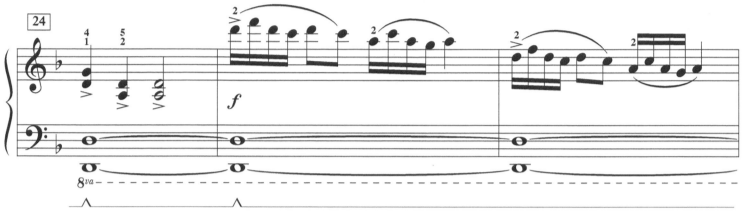

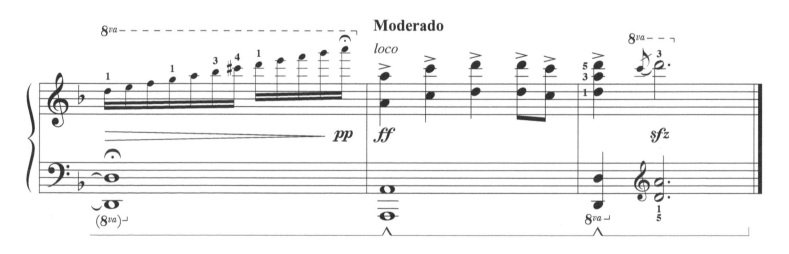

**DESCUBRIMIENTO**

¿Qué escala menor aparece en el *compás 28?* _____

- Marca las secciones de esta pieza: **A B A**.
- ¿En qué momento la música va a la *relativa menor*, RE menor?

# Vals en FA
## Op. 205, No. 3

Cornelius Gurlitt
(1820-1901, Alemania)
versión original

**Allegretto con moto** (movido) (♩ = 112-126)

*p con anima\*, cantabile*

*ped. simile*

*cresc.*

*decresc.*

*f poco animato*

\* Vivo, animado.

Técnica e interpretación, páginas 34-36 (Canción de la hilandera)     IEFF8011E

# ¿Qué tanto sabes de FA mayor?

**1.** • Escribe escalas *ascendentes* de **FA mayor** de una octava. Escribe el bemol *antes* de la nota correcta.

• Escribe los acordes de **tónica**, **subdominante** y **dominante** de FA mayor en posición fundamental.

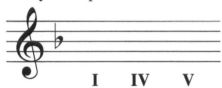

I     IV     V

• Marca cada nota como **grado 1, 2, 3, 4, 5, 6 o 7** de la escala de FA mayor.

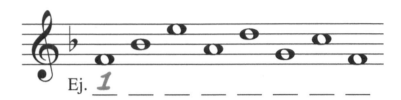

Ej. *1* _ _ _ _ _ _

**2.** • Escribe **FA** o **DO7** *arriba* del pentagrama. Escribe **I** o **V7** *debajo* del pentagrama.

• Escribe los acordes en los *compases 5-8*.

• Ahora toca la melodía y los acordes juntos.

# Armoniza una danza

Michael Praetorius
(1571-1621, Alemania)

Ej.
Nombres: FA  □ □ □ □ □

Funciones: I  □ □ □ □ □

□ □ □ □ □ □

5

*f-p* al repetir

□ □ □ □ □ □

# Escribe las escalas de RE menor

**3.** Escribe correctamente las escalas de RE menor *ascendentes* y *descendentes*.
Usa redondas. Incluye todas las alteraciones subiendo y bajando (mira la página 39).

**RE menor natural**

M.D.

**RE menor armónica**

M.I.

**RE menor melódica**

M.D.

**4.** Escribe los **nombres de los acordes** en los recuadros. Luego identifica cada uno como **i**, **iv**, **V** o **V7** en la tonalidad de RE menor. Pista: algunos de los acordes pueden estar en inversión.

Ej.   V   _____   _____   _____   _____

# Improvisación: La danza del fuego

**5.** • Ahora aprende este **acompañamiento en RE menor**. Tócalo mientras tu profesor *improvisa* una melodía en el registro alto, usando las notas de la **escala de RE menor armónica**.

• ¡Cambien de papeles! Improvisa tú mientras tu profesor toca el acompañamiento.

# Tonalidades con sostenidos

**1.** Para descubrir el nombre de una tonalidad mayor con sostenidos:

- Mira el **último** sostenido. Esta es la *sensible* (el 7.° grado de la escala).

- La nota que está un semitono arriba de este último sostenido le da el nombre a la tonalidad mayor.

Ej.
último sostenido: FA#
tonalidad: SOL

Ej.
último sostenido: DO#
tonalidad: RE

último sostenido: ____
tonalidad: ____
(*escríbela*)

último sostenido: ____
tonalidad: ____
(*escríbela*)

## El patrón de sostenidos

**2.** El patrón de sostenidos completo tiene 7 sostenidos: **FA♯ DO♯ SOL♯ RE♯ LA♯ MI♯ SI♯**

- Estudia y memoriza el patrón de sostenidos. Comienza siempre con FA♯.

- Continúa el patrón **bajando una 4.ª** y luego **subiendo una 5.ª**.

- Luego del cuarto sostenido, RE♯, baja a LA♯. Continúa con el patrón: sube una 5.ª, baja una 4.ª.

**3.** Durante cinco días, escribe a diario un patrón de sostenidos completo.

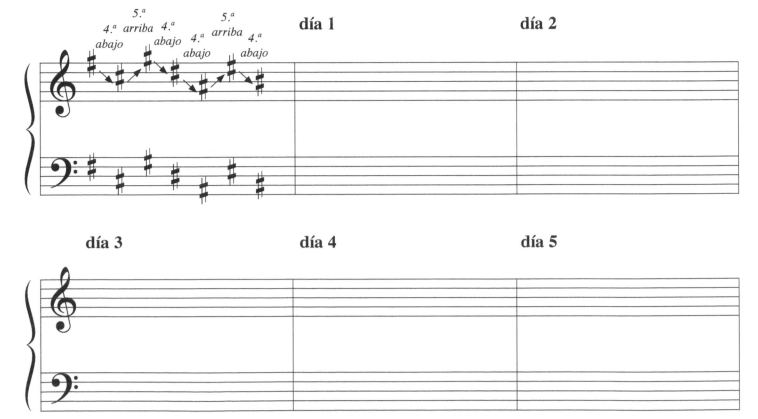

día 1

día 2

día 3

día 4

día 5

IEFF8011E

- Practica la escala primero con manos separadas, luego juntas.

- Memoriza el estudio completo.

# Estudio en RE mayor

**Escala y acordes básicos**

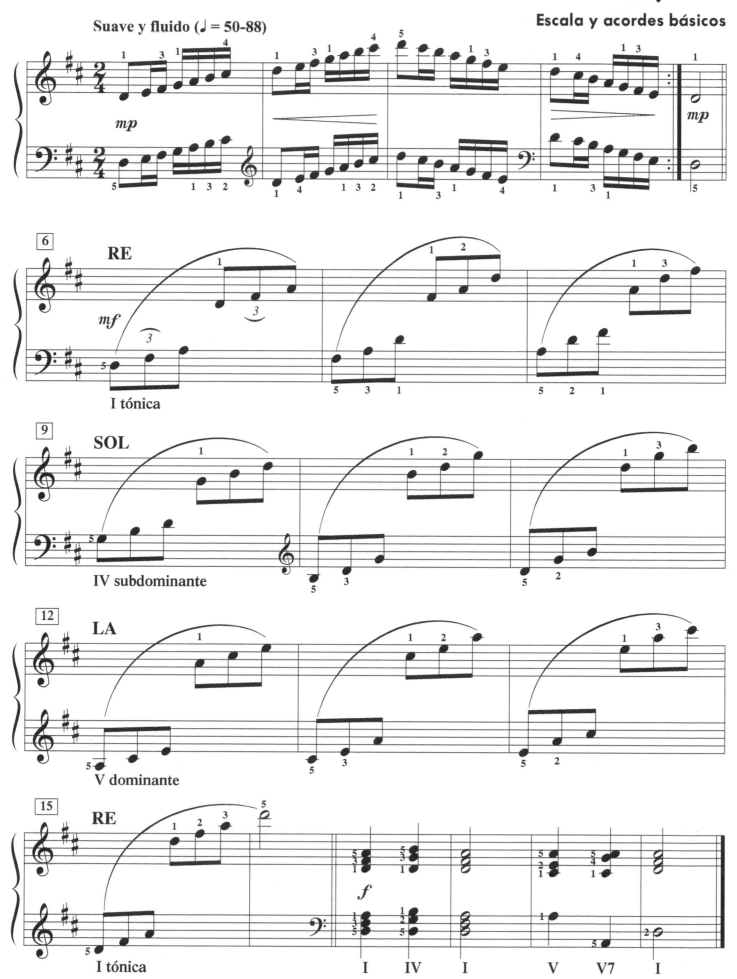

La *musette* es una alegre danza francesa que imita el sonido de las gaitas europeas. Las octavas de la mano izquierda en esta *musette* evocan el sonido constante y repetitivo de la gaita.

- Toca la M.I mientras tu profesor toca la melodía. Escucha y trata de lograr *staccatos* precisos. Luego, ¡cambien de papeles!

- Ahora practica l-e-n-t-o con las manos juntas. Aumenta gradualmente la velocidad hasta llegar a un tempo vivo.

# *Musette* en RE mayor

**del *Pequeño libro de Anna Magdalena Bach***

Compositor desconocido
versión original

Técnica e interpretación, página 37 (Gran ejercicio en RE mayor)

IEFF8011ES

**DESCUBRIMIENTO**

¿La sección **B** comienza con la tónica o con la dominante?

# Ejercicio de calentamiento en RE mayor

**M.I.**

RE

*mf*

Tó - ni - ca___ su - be al quin - to gra - do.

LA

Do - mi - nan - te uno, tres, cinco,

6 **LA7** quebrado **LA7** en bloque sin 3.ª sin 5.ª **RE** **LA7** **RE**

uno, tres, cinco, siete, V7 I V7 I

**Revisa la armonía**

• Observa los números romanos en los *compases 1-16.*
  Escribe los **nombres de los acordes** en los recuadros.

## 'O sole mio

Eduardo di Capua
(1864-1917, Italia)
adaptación

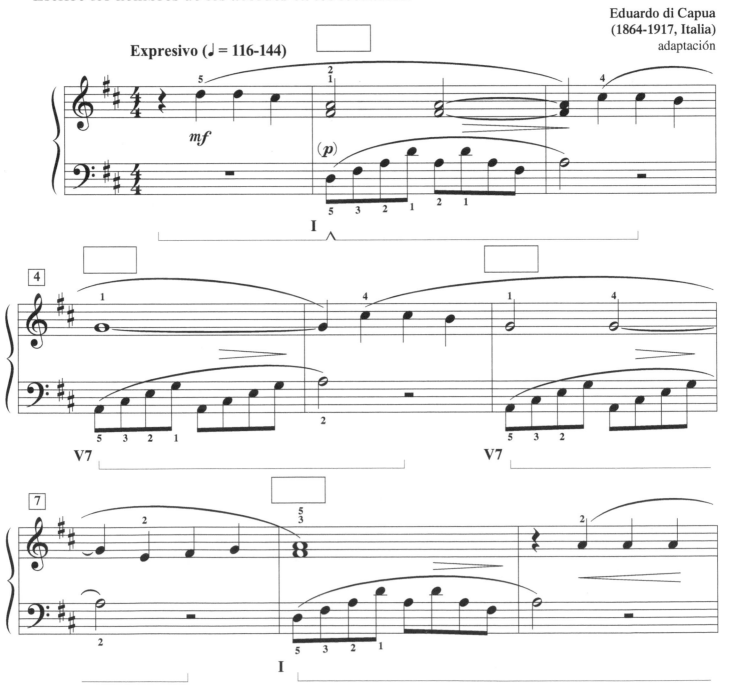

Expresivo (♩ = 116-144)

*mf*

(*p*)

I

4

V7 V7

7

I

Técnica e interpretación, páginas 38-39 (Patrón de acordes en RE mayor, Marcha primaveral en RE mayor) IEFF8011E

En las tonalidades mayores, el acorde de **IV** es **mayor**.
Aquí se usa un **acorde de iv menor** para crear un color especial.

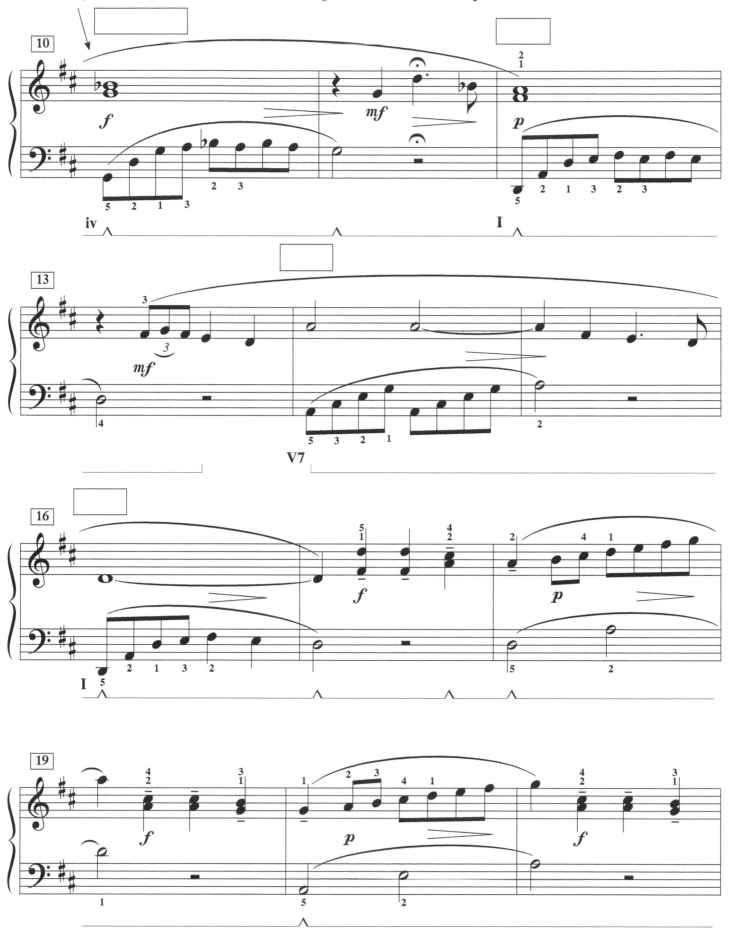

# ¿Qué tanto sabes de sostenidos?

**1.** Escribe escalas *ascendentes* de **RE mayor** de una octava. Escribe los sostenidos *antes* de las notas correctas.

**2.** Escribe los **nombres de los acordes** en los recuadros. Luego identifica cada uno como **I, IV, V** o **V7** en la tonalidad de RE mayor. Pista: algunos de los acordes pueden estar en inversión.

LA

Ej. _V_

**3.** Escribe el nombre de cada tonalidad mayor (mira la página 50).

*sensible*

a.

tonalidad: **RE** Ej.

*sensible*

b. tonalidad: ____

c.

tonalidad: ____

d.

tonalidad: ____

e.

tonalidad: ____

f.

tonalidad: ____

g.

tonalidad: ____

h.

tonalidad: ____

i.

tonalidad: ____

(¡los nombres de estas tonalidades incluyen sostenidos!)

j.

tonalidad: ____

k.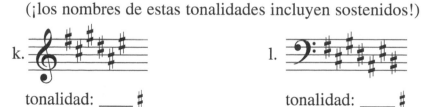

tonalidad: ____ #

l.

tonalidad: ____ #

EFF8011ES

57

# Estudio en LA mayor

### Escala y acordes básicos

- Practica la escala primero con manos separadas, luego juntas.
- Memoriza el estudio completo.

**Suave y fluido (♩ = 50-88)**

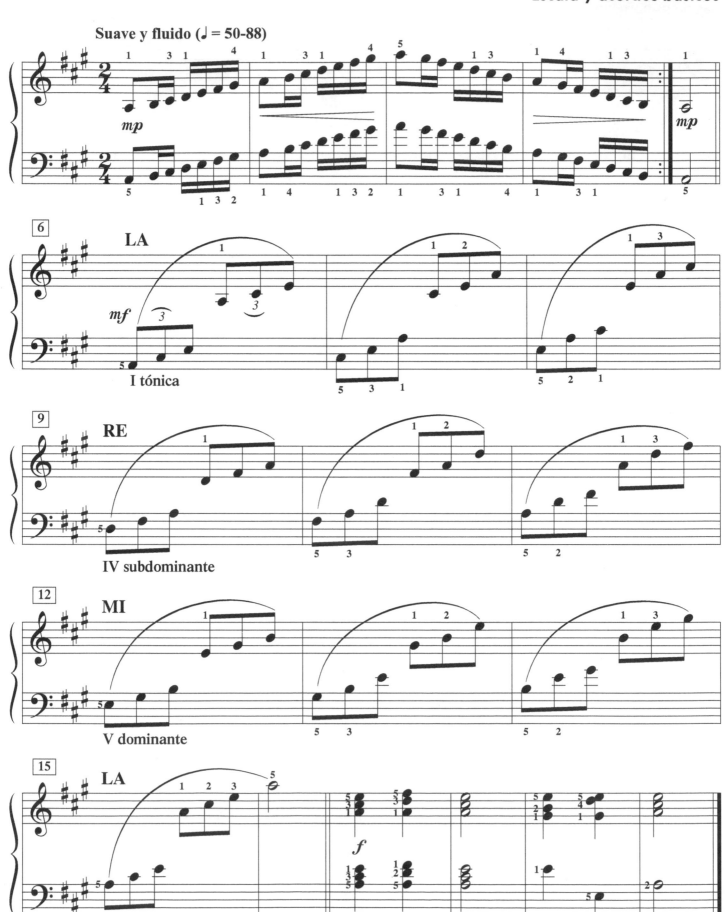

Técnica e interpretación, páginas 40-41 (Dedos velocistas en LA mayor, Escalas en octavas: LA mayor)

IEFF8011E

- Practica la escala primero con manos separadas, luego juntas.
- Memoriza el estudio completo.

# Estudio en MI mayor

**Escala y acordes básicos**

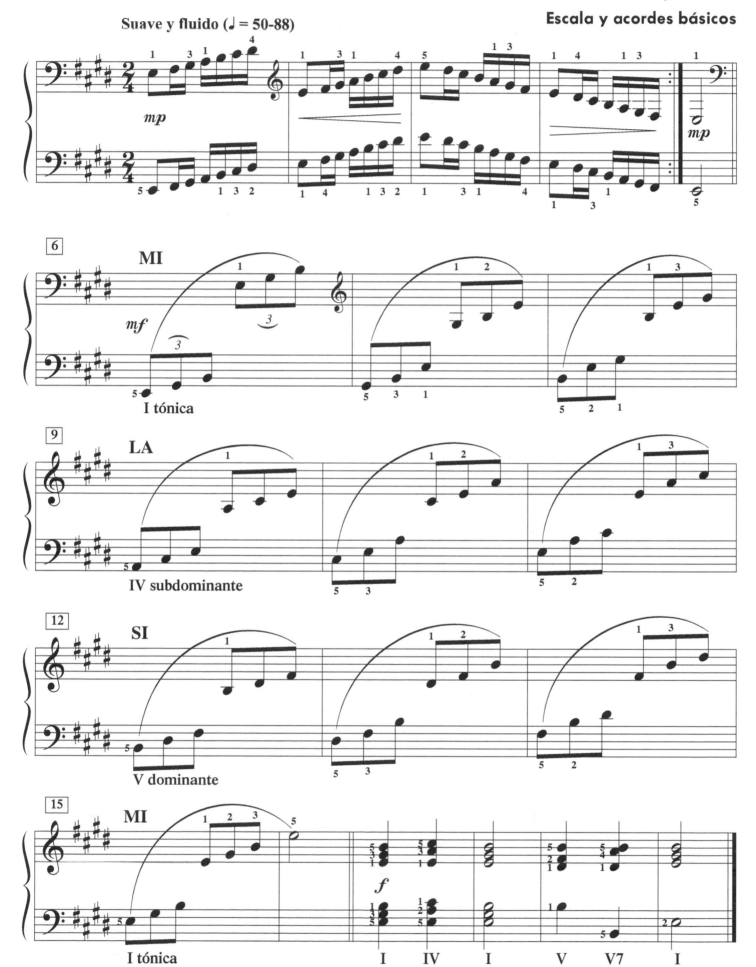

# Flores silvestres

*Molto* significa "mucho".
Por ejemplo, *molto rit.* significa
hacer un *ritardando* muy marcado.

**Tonalidad de ____ mayor**

**Moderato, expresivo**

N. Faber

IEFF8011ES

**Cadenza** (un pasaje brillante que se toca libremente)

**Más lento, melancólico**

# Ejercicio de calentamiento en LA mayor

La **giga** (en francés: *gigue*) es una danza barroca movida.

- Primero toca solo la M.D. para acostumbrarte a los patrones rítmicos de $\frac{6}{8}$ y a los tres sostenidos.

# Giga en LA mayor

Anónimo

**DESCUBRIMIENTO**

**Revisa la forma:** ¿Cuál es la forma de esta pieza? _____

¿La sección **B** comienza con la *tónica* o con la *dominante*?

# Ejercicio de calentamiento en MI mayor

M.I.

Tó - ni - ca____ su - be al quin - to gra - do. Do - mi - nan - te uno, tres, cinco,

**6**

SI7 quebrado    SI7 en bloque    sin 3.ª    sin 5.ª    MI    SI7    MI

uno, tres, cinco, siete,    **V7**    **I**    **V7**    **I**

## Revisa la armonía

- ¿Esta pieza comienza con la *tónica* o con la *dominante*?

Tema de la
# Sinfonía No. 6
### (Pastoral)

Ludwig van Beethoven
(1770-1827, Alemania)
adaptación

Allegretto (♩. = 60-66)

**5**

**9**

Técnica e interpretación, página 44 (Carrera de inversiones en MI mayor, Círculos arpegiados),
página 45 (Gran ejercicio en MI mayor)

IEFF8011ES

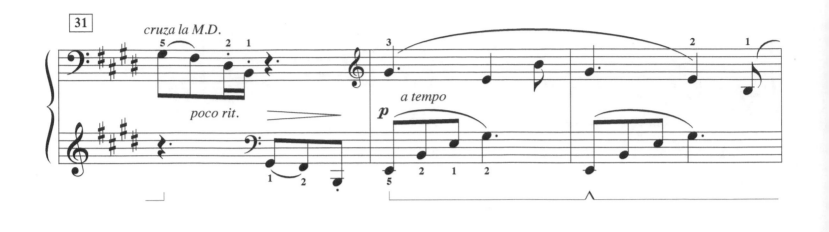

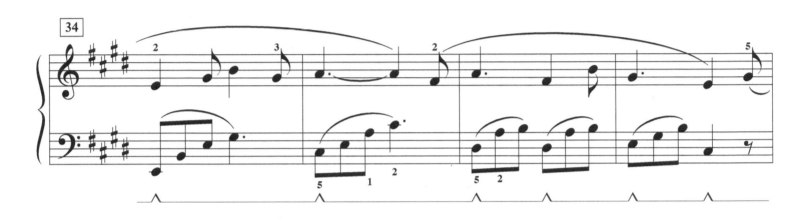

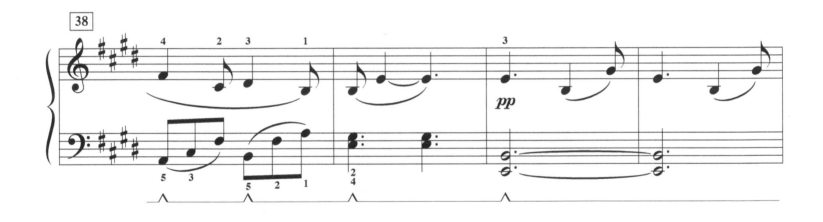

IEFF8011E

# Manhattan Jazz Club, 1928

**Tonalidad de \_\_\_\_ mayor**

N. Faber

IEFF8011E9

# ¿Qué tanto sabes de LA mayor?

**1.** • Primero escribe la armadura de **LA mayor** en cada clave (mira las páginas 50 y 58).

• Luego escribe una **escala de LA mayor** de una octava, *ascendente* y *descendente*. Usa redondas. Sombrea las notas con sostenidos.

• Al final, escribe la digitación para cada escala.

armadura de LA mayor

M.D.

armadura de LA mayor

M.I.

**2.** Escribe los **nombres de los acordes** en los recuadros. Luego identifica cada uno como **I**, **IV**, **V** o **V7** en la tonalidad de LA mayor. Pista: algunos de los acordes pueden estar en inversión.

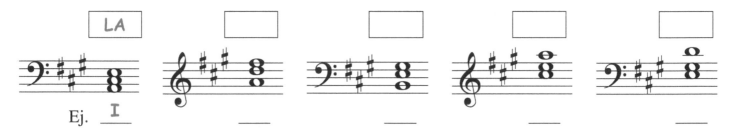

Ej. **I**

# Improvisación: El susurro del viento

**3.** • Ahora aprende este **acompañamiento en LA mayor**. Tócalo mientras tu profesor *improvisa* una melodía en el registro alto, usando las notas de la escala de LA mayor.

• ¡Cambien de papeles! Improvisa tú mientras tu profesor toca el acompañamiento.

IEFF8011E

# ¿Qué tanto sabes de MI mayor?

**1.** • Primero escribe la armadura de **MI mayor** en cada clave (mira las páginas 50 y 59).

• Luego escribe una **escala de MI mayor** de una octava, *ascendente* y *descendente*. Usa redondas. Sombrea las notas con sostenidos.

• Al final, escribe la digitación para cada escala.

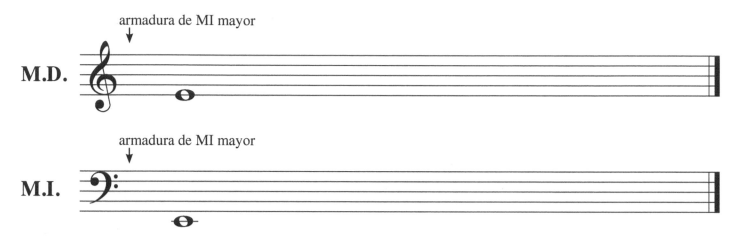

armadura de MI mayor

M.D.

armadura de MI mayor

M.I.

**2.** **Crea una respuesta**. Añade ligaduras, matices y digitaciones.
Luego, ¡toca la pregunta y la respuesta!

**Pregunta:** no termina en la tónica.

**Respuesta:** termina en la tónica.

# Repaso de tonalidades

**3.** Escribe el nombre de cada tonalidad y luego completa el intervalo.

**tonalidad de ____ mayor**

una 6.ª arriba

**tonalidad de ____ mayor**

una 4.ª abajo

**tonalidad de ____ mayor**

una 7.ª abajo

**tonalidad de ____ mayor**

una octava abajo

**tonalidad de ____ mayor**

una 3.ª arriba

**tonalidad de ____ mayor**

una 5.ª abajo

# El círculo de quintas

El círculo de 5.ᵃˢ te ayudará a aprender las escalas y las armaduras.

**1.** Para tonalidades con **bemoles**, sigue el círculo a la izquierda.

- Comienza en el DO Central y toca 5.ᵃˢ *bajando* desde el DO hasta el SOL♭.

**2.** Para tonalidades con **sostenidos**, sigue el círculo a la derecha.

- Comienza en el DO Central y toca 5.ᵃˢ *subiendo* desde el DO hasta el FA♯.

*El penúltimo bemol le da el nombre a la tonalidad.*

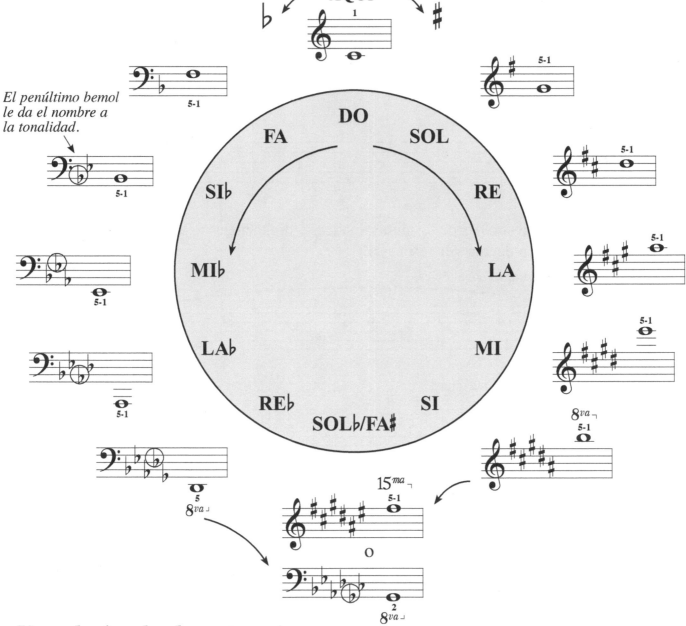

## ¡Usa el círculo de quintas!

**3.** Para recordar mejor las armaduras de las **tonalidades** con bemoles y sostenidos, toca y memoriza los siguientes patrones:

tonalidad: DO FA SI♭ MI♭ LA♭ RE♭ SOL♭ DO♭

número de bemoles: 0 1 2 3 4 5 6 7

tonalidad: DO SOL RE LA MI SI FA♯ DO♯

número de sostenidos: 0 1 2 3 4 5 6 7

# Tonalidades con bemoles

**1.** Para reconocer una armadura con bemoles, mira el **penúltimo bemol**. Esta nota le da el nombre a la tonalidad mayor.

- Estudia los siguientes ejemplos. Los penúltimos bemoles están encerrados en círculos.

SIb mayor      MIb mayor      LAb mayor      REb mayor      SOLb mayor

- Encierra en un círculo el penúltimo bemol y completa el nombre de las tonalidades.

_____ mayor      _____ mayor      _____ mayor      _____ mayor      _____ mayor

## El patrón de bemoles

**2.** El patrón de bemoles completo tiene 7 bemoles: **SIb MIb LAb REb SOLb DOb FAb**

- Estudia y memoriza el siguiente patrón. Comienza siempre con SIb.
- Continúa el patrón **subiendo una 4.ª** y luego **bajando una 5.ª**.

**3.** Durante cinco días, escribe a diario un patrón de bemoles completo.

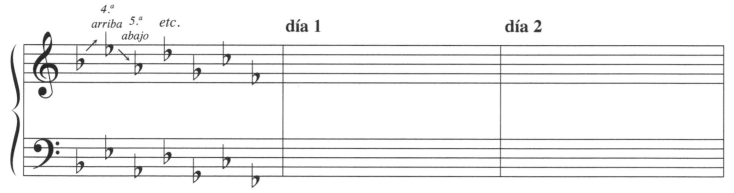

día 1      día 2

día 3      día 4      día 5

- Toca y memoriza este patrón de escalas que sigue el **círculo de 5.**<sup>as</sup>.

# Círculo de escalas

Nota: para un refuerzo visual incluimos alteraciones además de las armaduras.

IEFF8011E

**REb mayor** (5 bemoles)   **LAb mayor** (4 bemoles)

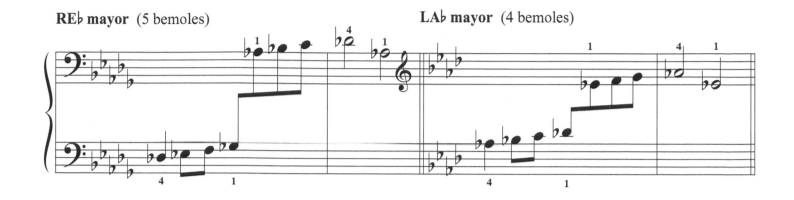

**MIb mayor** (3 bemoles)   **SIb mayor** (2 bemoles)

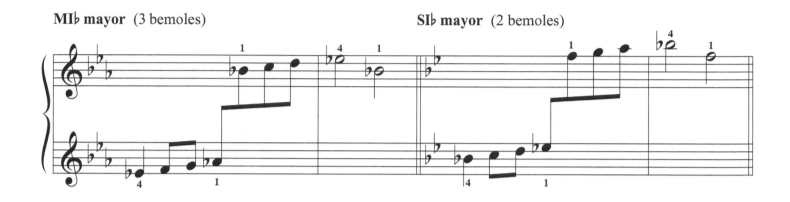

**DO mayor** (sin bemoles)

**FA mayor** (1 bemol)

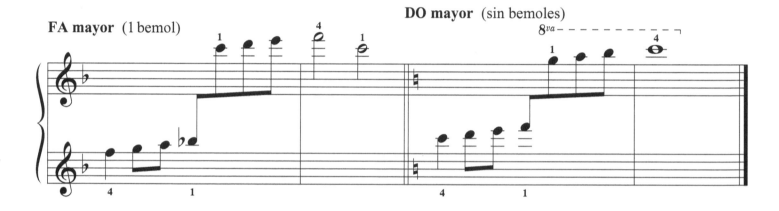

**Reto:** explora esta variación usando el círculo de 5.<sup>as</sup>.

etc.

Esta pieza de armonías exuberantes sigue el **círculo de 5.ᵃˢ**
en sentido contrario a las manecillas del reloj.

Los nombres de las **notas fundamentales** de los acordes aparecen
en los *compases 1-6*. Escríbelos en los *compases 7-16*.

*più mosso:* más movido
• Encierra en un círculo este término nuevo en esta pieza.

# Balada otoñal

N. Faber

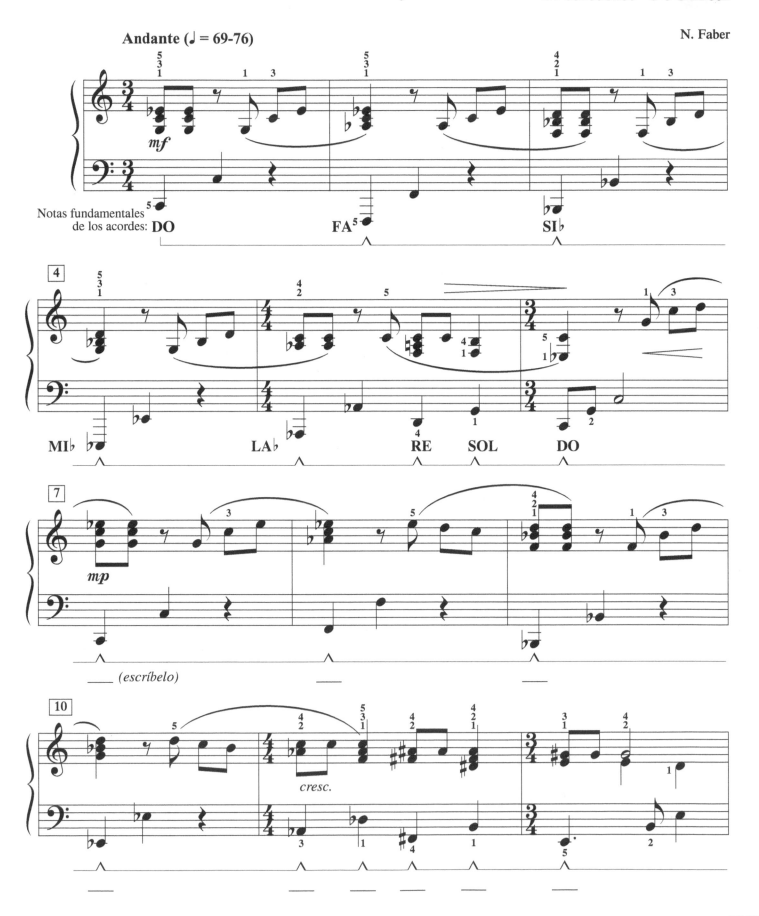

IEFF8011ES

¡Completaste el círculo de 5.ᵃˢ!

**DESCUBRIMIENTO** La forma de esta pieza es **A B A** con *codetta* (una coda corta).
Marca cada sección en la partitura.

- Practica la escala primero con manos separadas, luego juntas.
- Memoriza el estudio completo.

# Estudio en SI♭ mayor

## Escala y acordes básicos

IEFF8011E

- Practica las escalas primero con manos separadas, luego juntas.
- Memoriza el estudio completo.

# Estudio en SOL menor

**Escalas y acordes básicos**

# Ejercicio de calentamiento en SI♭ mayor

**M.I.**

*mf*   Tó - ni - ca ___ su - be al quin - to gra - do.   Do - mi - nan - te   uno, tres, cinco,

uno, tres, cinco, siete,   **V7**   **I**   **V7**   **I**

# Risoluto*

- ¿Esta pieza comienza con la *tónica* o con la *dominante*?

Johann Christian Bach
(1735-1782, Alemania)
versión original

**Allegro (♩ = 92-104)**

¿cadencia en **I** o **V**? (*encierra en un círculo la función correcta*)

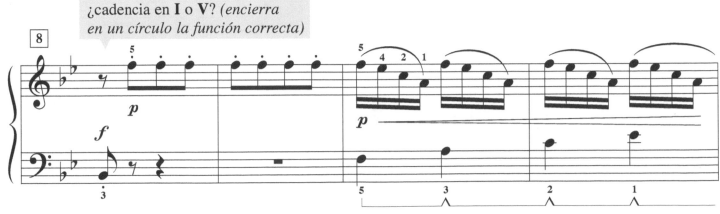

* Decidido, determinado.

Técnica e interpretación, página 48 (Carrera de escalas en SI♭ mayor, Círculos arpegiados en SI♭), página 49 (Preludio en SI♭ mayor)

IEFF8011E

¿cadencia en **I** o **V**?

¿cadencia en **I** o **V**?

**DESCUBRIMIENTO**

**Revisa la armonía:** encuentra y marca dos acordes quebrados de **V7 (FA7)** en la M.I.

# Vals de las rosas del sur

- Fíjate que en los *compases 5-8* la melodía está adornada con *acciaccaturas* de octava.

- Toca con la M.I. *liviana* en los tiempos 2 y 3.

**Tonalidad de \_\_\_\_ mayor**

Johann Strauss (hijo)
(1825-1899, Austria)
adaptación

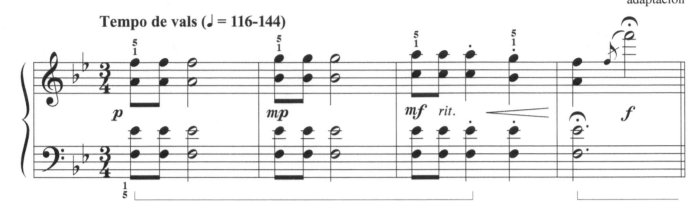

Técnica e interpretación, páginas 50-51 (Cuando sale el sol...)

IEFF8011E

**Revisa la armonía:** ¿en qué línea de la música se usan solamente las notas del acorde de **SI♭ mayor**?

# Ejercicio de calentamiento en SOL menor

## El tritono

El primer intervalo de esta pieza (LA-MI♭) se llama **tritono**.
La distancia entre las dos notas es de **3 tonos enteros**.

* Toca y escucha el sonido inestable e inquietante de los tritonos en los *compases 1-8*.

# Danza macabra

Camille Saint-Saëns
(1835-1921, Francia)
adaptación

**Revisa la armonía:** encierra en un círculo la cadencia que aparece en los últimos dos compases.   **i-V**   **V-i**   **iv-i**

Este minuet y el *Minuet en SOL menor* de la página 88 se
pueden tocar juntos, como una sola pieza. Tócalos seguido
y luego repite el primer *Minuet en SOL mayor*.

# Minuet en SOL mayor

Christian Pezold
**(1677-1733, Alemania)**
*Pequeño libro de Anna Magdalena Bach*
versión original

# Minuet en SOL menor

**Christian Pezold**
**(1677-1733, Alemania)**
*Pequeño libro de Anna Magdalena Bach*
versión original

**Andantino**

# ¿Qué tanto sabes de SI♭ mayor?

**1.** • Primero escribe la armadura de **SI♭ mayor** en cada clave (mira las páginas 73 y 78).

   • Luego escribe una **escala de SI♭ mayor** de una octava, *ascendente* y *descendente*. Usa redondas. Sombrea las notas con bemoles.

   • Al final, escribe la digitación para cada escala.

**2.** Escribe los **nombres de los acordes** en los recuadros. Luego identifica cada uno como **I**, **IV**, **V** o **V7** en la tonalidad de SI♭ mayor. Pista: algunos de los acordes pueden estar en inversión.

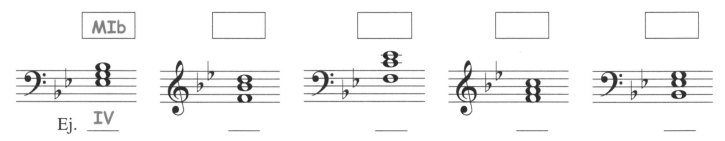

Ej. **IV**

**3.** • Escribe **SI♭** o **FA7** *arriba* del pentagrama.
   Escribe **I** o **V7** *debajo* del pentagrama.

   • Escribe los acordes en los *compases 3-4*.

   • Ahora toca la melodía y los acordes juntos.

# Armoniza una canción francesa

Tradicional

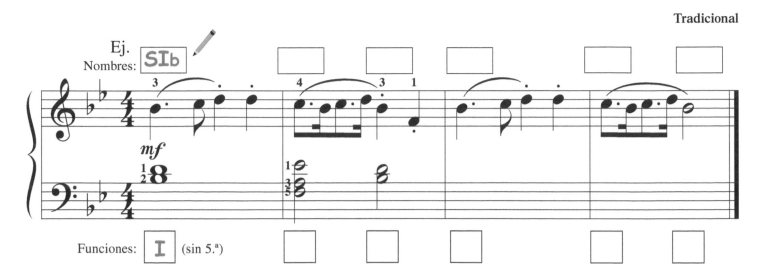

Funciones: **I** (sin 5.ª)

IEFF8011E

# Escribe las escalas de SOL menor

**4.** Escribe correctamente las escalas de SOL menor, *ascendentes* y *descendentes*.
Usa redondas. Incluye todas las alteraciones subiendo y bajando (mira la página 79).

SOL menor natural

M.D.

SOL menor armónica

M.I.

SOL menor melódica

M.D.

**5.** Escribe los **nombres de los acordes** en los recuadros. Luego identifica cada uno como **i**, **iv**, **V** o **V7** en la tonalidad de SOL menor. Pista: algunos de los acordes pueden estar en inversión.

| SOL menor | | | | |

Ej. ___i___     _____     _____     _____     _____

**6.** • Cierra los ojos.
• Tu profesor te dirá una tonalidad y tocará dos veces en esta tonalidad una melodía corta que comienza en la *tónica*.
• Escucha con atención e intenta repetir la melodía en el piano.

---

**Nota para el profesor:** puede tocar los ejemplos en cualquier orden y repetirlos varias veces.
Tóquelos lentamente.

Diga: "RE menor".

Diga: "SOL menor".

Diga: "SIb mayor".

Diga: "MI mayor".

# Estudio en MI♭ mayor

### Escala y acordes básicos

- Practica la escala con manos separadas, luego juntas.
- Memoriza el estudio completo.

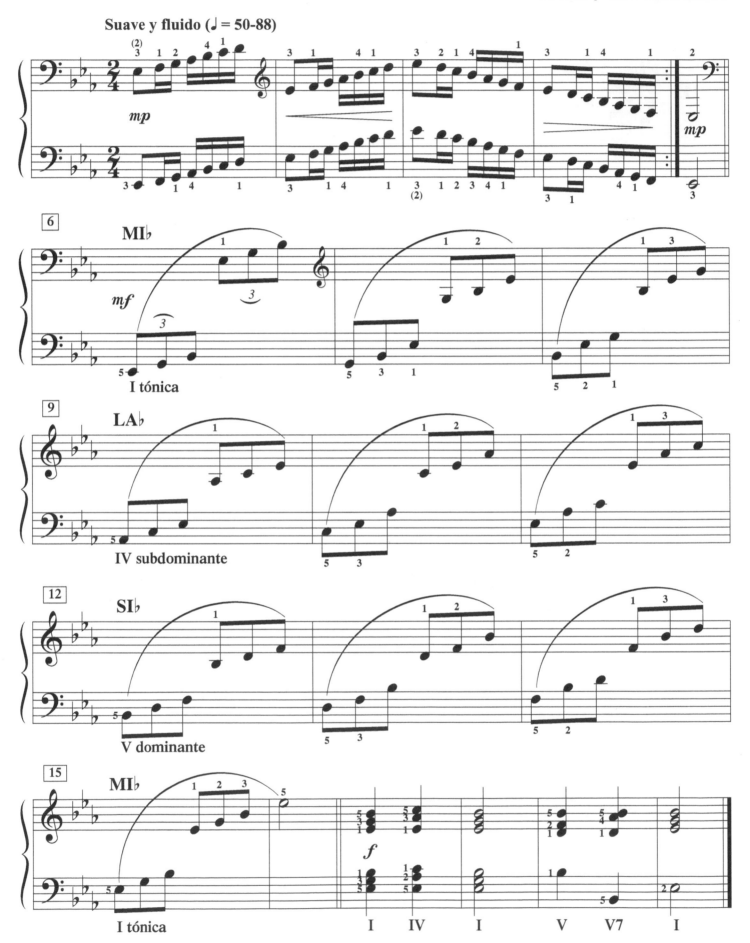

IEFF8011E9

- Practica las escalas primero con manos separadas, luego juntas.
- Memoriza el estudio completo.

# Estudio en DO menor

### Escalas y acordes básicos

# Ejercicio de calentamiento en MI♭ mayor

Muzio Clementi viajó a muchos países como pianista y compositor. Durante su estadía en Viena compitió con Mozart y conoció a Beethoven. En Inglaterra fundó una fábrica de pianos y una editorial de música.

# Vals en MI♭ mayor

Muzio Clementi
(1752-1832, Italia)
versión original

**DESCUBRIMIENTO**

Encuentra dos **escalas de MIb** descendentes en la mano izquierda.
¿Puedes tocar estos pasajes de memoria?

# Ejercicio de calentamiento en DO menor

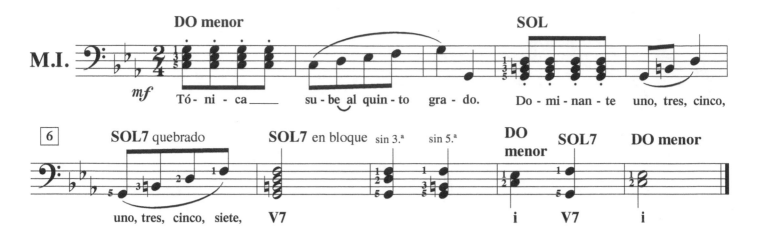

**M.I.**  DO menor — *mf* — Tó - ni - ca — su - be al quin - to gra - do. — SOL — Do - mi - nan - te — uno, tres, cinco,

6 — SOL7 quebrado — SOL7 en bloque — sin 3.ª — sin 5.ª — DO menor — SOL7 — DO menor

uno, tres, cinco, siete, — V7 — i — V7 — i

# Danza húngara No. 5

- Mira las **cadencias** marcadas.
  ¿Puedes sentir los puntos de reposo al tocar?

Johannes Brahms
(1833-1897, Alemania)
adaptación

Allegro (♩ = 96-112)

*f*

5

SOL7 — DO menor

V7 — i

9

*pedal opcional*

Técnica e interpretación, página 57 (Preludio tormentoso)

# ¿Qué tanto sabes de MI♭ mayor?

**1.** • Primero escribe la armadura de **MI♭ mayor** en cada clave (mira la página 92).

    • Luego escribe una **escala de MI♭ mayor** de una octava, *ascendente* y *descendente*. Usa redondas. Sombrea las notas con bemoles.

    • Al final, escribe la digitación para cada escala.

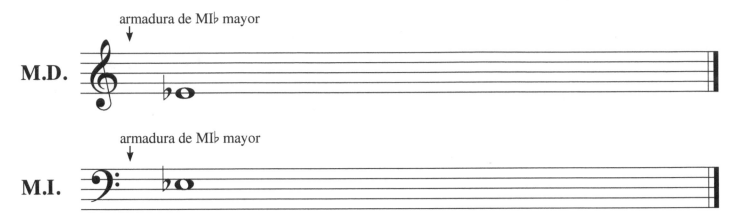

**2.** Escribe los **nombres de los acordes** en los recuadros. Luego identifica cada uno como **I**, **IV**, **V** o **V7** en la tonalidad de MI♭ mayor. Pista: algunos de los acordes pueden estar en inversión.

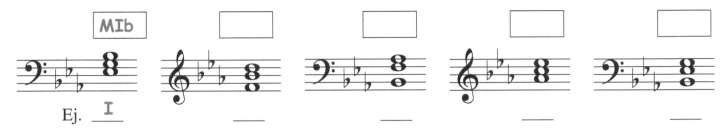

# Improvisación: Paseo al amanecer

**3.** • Ahora aprende este **acompañamiento en MI♭ mayor**. Tócalo mientras tu profesor *improvisa* una melodía en el registro alto, usando las notas de la escala de MI♭ mayor.

    • ¡Cambien de papeles! Improvisa tú mientras tu profesor toca el acompañamiento.

# Escribe las escalas de DO menor

**4.** Escribe correctamente las escalas de DO menor *ascendentes* y *descendentes*. Usa redondas.
Incluye todas las alteraciones subiendo y bajando (mira la página 93).

**DO menor natural**

M.D.

**DO menor armónica**

M.I.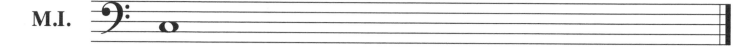

**DO menor melódica**

M.D.

**5.** Escribe los nombres de los acordes de **tónica**, **subdominante** y **dominante** en cada tonalidad.

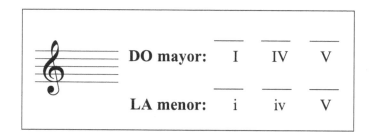

DO mayor: I    IV    V

LA menor: i    iv    V

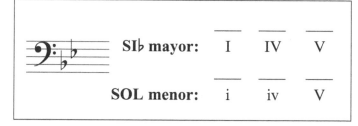

SIb mayor: I    IV    V

SOL menor: i    iv    V

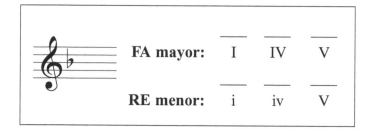

FA mayor: I    IV    V

RE menor: i    iv    V

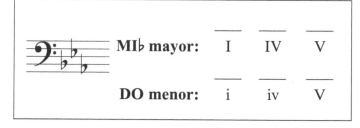

MIb mayor: I    IV    V

DO menor: i    iv    V

**6.** Cierra los ojos. Tu profesor tocará una escala menor **natural**, **armónica** o **melódica**.
*Escucha* con atención y encierra en un círculo la respuesta correcta.

| 1. menor natural | 2. menor natural | 3. menor natural | 4. menor natural |
|---|---|---|---|
| menor armónica | menor armónica | menor armónica | menor armónica |
| menor melódica | menor melódica | menor melódica | menor melódica |

**Nota para el profesor:** puede tocar más ejemplos.

**10** UNIDAD | Tonalidad de LA♭

- Practica la escala con manos separadas, luego juntas.
- Memoriza el estudio completo.

# Estudio en LA♭ mayor

**Escala y acordes básicos**

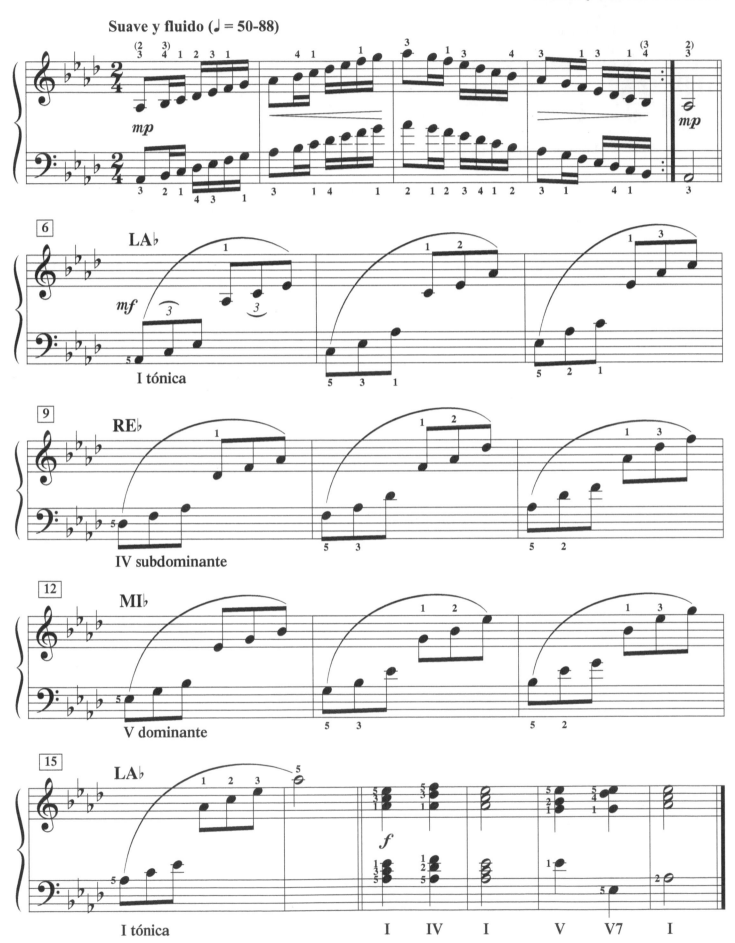

IEFF8011E

# Ejercicio de calentamiento en LA♭ mayor

Tó - ni - ca____ su - be al quin - to gra - do. Do - mi - nan - te uno, tres, cinco,

uno, tres, cinco, siete, V7　　　　　　　　　　I V7 I

Mendelssohn compuso la música para la comedia de Shakespeare *El sueño de una noche de verano* por solicitud del rey Federico Guillermo de Prusia. La *Marcha nupcial* suena al final de la obra durante la celebración de una boda triple.

# Marcha nupcial

Felix Mendelssohn
(1809-1847, Alemania)
adaptación

**Tempo de marcha alegre ( ♩ = 112-132)**

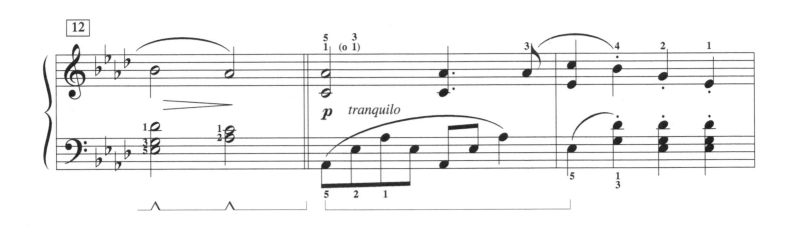

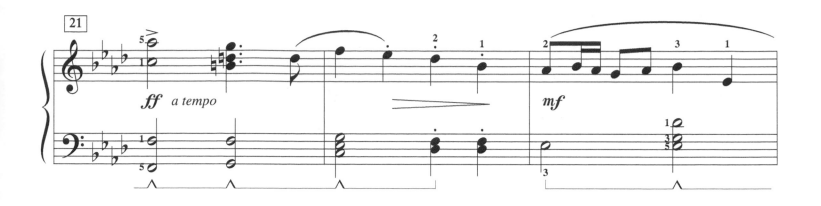

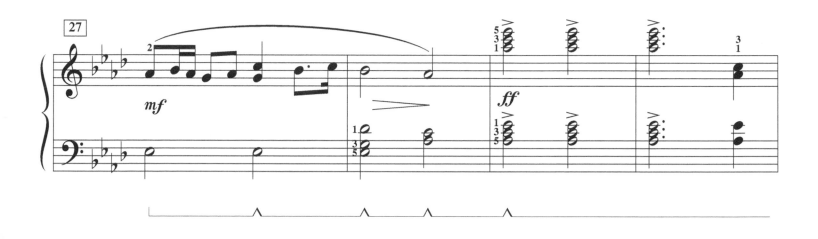

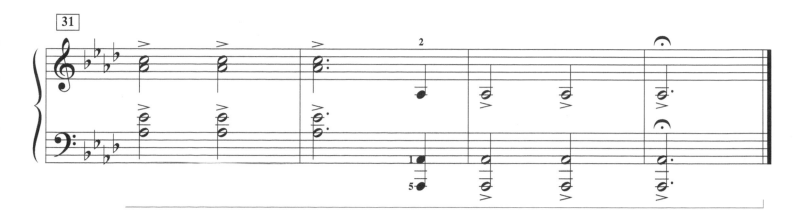

**DESCUBRIMIENTO**

**Revisa la armonía:** encierra en un círculo la cadencia que aparece en el *compás 12*.

V-I    V7-I    IV-I

# Repaso: el cifrado americano

| **Alfabeto musical:** | A | B | C | D | E | F | G |
|---|---|---|---|---|---|---|---|
| **Equivale a:** | LA | SI | DO | RE | MI | FA | SOL |

En el cifrado, la letra mayúscula escrita sola significa que debes tocar un **acorde mayor**.

**C** = DO mayor

Una letra mayúscula seguida de una "m" minúscula significa que debes tocar un **acorde menor**.

**Cm** = DO menor

## Nocturno
del *Cuarteto de cuerdas No. 2*

**1.** • Primero toca **solamente** la melodía con pedal.

• Luego toca una **5.ª en bloque** con la M.I. en el *primer tiempo* de cada compás, siguiendo el cifrado.

**Tonalidad de ____ mayor**

Alexander Borodin
(1833–1887, Rusia)

Técnica e interpretación, página 64 (Carrera de inversiones en LA♭ mayor,
Máquina de octavas en LA♭ mayor), página 65 (Preludio virtuoso en LA♭ mayor)

IEFF8011E♭

- Cuando puedas tocar cómodamente el *Nocturno* con el acompañamiento de 5.ᵃˢ, practica también los siguientes patrones de acompañamiento.

## 2. Acompañamiento de quintas quebradas

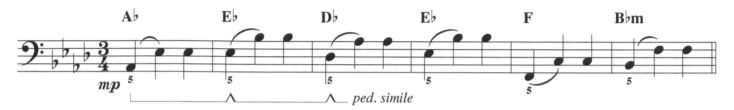

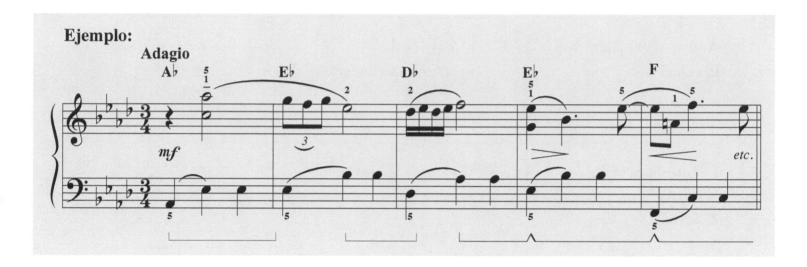

## 3. Acompañamiento "fundamental–quinta–octava"

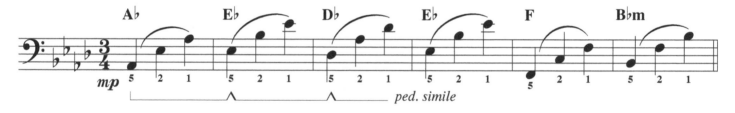

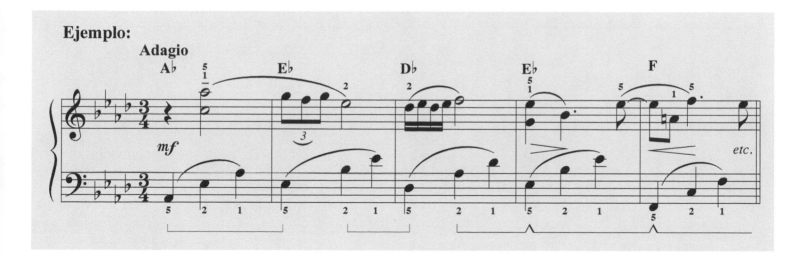

# ¿Qué tanto sabes de términos musicales,...

• Elige términos de la lista que aparece abajo para completar la información.

| | | |
|---|---|---|
| 1. La sección final de una pieza: _____ | 2. Danza que imita el sonido de la gaita: _____ | 3. La **primera** nota de una escala: _____ |
| 4. Aumenta gradualmente la velocidad: _____ | 5. ‖: A :‖: B :‖ Esta forma se llama: _____. | 6. Una idea musical corta: _____ |
| 7. La **quinta** nota de la escala: _____ | 8. Un acento súbito y fuerte: _____ | 9. _____ |
| 10. Un patrón que se repite muchas veces: _____ | 11. Una danza elegante en $\frac{3}{4}$ : _____ | 12. Un acorde de cuatro notas formado por terceras desde el **grado 5**: _____ |
| 13. El mismo patrón repetido más alto o más bajo: _____ | 14. Un acorde cuya nota más baja **no es** la fundamental: _____ | 15. Un acorde cuya nota más baja **es** la fundamental: _____ |

## RESPUESTAS

| | | | | |
|---|---|---|---|---|
| *accelerando* | coda | sensible | *musette* | *sforzando* |
| binaria | dominante | minuet | ostinato | secuencia |
| inversión | dominante con 7.ª (V7) | motivo | posición fundamental | tónica |

# ...escalas, acordes, tonalidades y ritmos?

16. Escribe el **patrón de sostenidos** completo (7 sostenidos, ver la página 50).

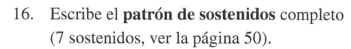

17. Escribe el **patrón de bemoles** completo (7 bemoles, ver la página 73).

18. Escribe **escalas de LA♭ mayor** *ascendentes* de una octava. Escribe los bemoles antes de las notas correctas.

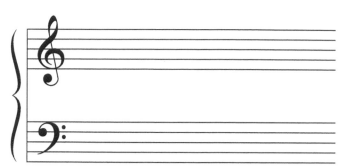
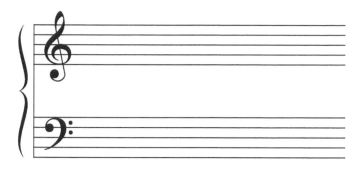

19. Escribe los nombres y las funciones de estos acordes en **LA♭**.

Nombres:

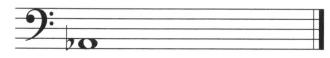

Funciones: ____    ____    ____

20. ¿A qué tonalidad mayor pertenecen estos acordes de **V7**?

V7          V7          V7

tonalidad de    tonalidad de    tonalidad de

____          ____          ____

21. Escribe una **secuencia** de este motivo.

22. Escribe la **1.ª** y **2.ª inversión** de este acorde de **LA♭**. ¡No olvides los bemoles!

fundamental    1.ª inversión    2.ª inversión

23. Dibuja las siguientes notas:

| una semicorchea | cuatro semicorcheas (únelas) | corchea con puntillo y semicorchea (únelas) | tresillo de corcheas (únelas) | corchea y dos semicorcheas (únelas) |
|---|---|---|---|---|
|  |  |  |  |  |

# Reconocimiento de intervalos

## Intervalos justos (4.ª, 5.ª, octava)

**1.** Los intervalos de **4.ª**, **5.ª** y **octava** se llaman intervalos **justos**. Los intervalos justos no son ni mayores, ni menores.

- Toca y escucha estos intervalos justos:

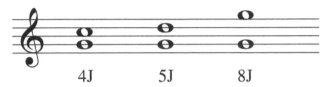

(usa la letra J para marcar los intervalos justos)

- Cierra los ojos y *escucha*. Nombra los intervalos mientras tu profesor toca **4.ᵃˢ**, **5.ᵃˢ** y **octavas justas**.

## Intervalos mayores y menores (2.ª, 3.ª, 6.ª, 7.ª)

**2.** Los intervalos de **2.ª**, **3.ª**, **6.ª** y **7.ª** pueden ser mayores o menores. Estudia y toca los siguientes ejemplos (**M**=mayor, **m**=menor).

**Toca 2.ᵃˢ:**    *¡Escucha cómo suenan!*

**Toca 3.ᵃˢ:**

**Toca 6.ᵃˢ:**

**Toca 7.ᵃˢ:**

**3.** Diviértete con estos juegos de intervalos. ¡Piensa! ¿Puedes terminar en la tecla correcta?

| **Desde DO** | **Desde FA** | **Desde RE** |
|---|---|---|
| • una 4J arriba, luego… | • una 3m arriba | • una 6m arriba |
| • una 7m abajo, luego… | • una 5J abajo | • una 2m abajo |
| • una 3M arriba | • una 7M arriba | • una 6M arriba |
| *¿Terminaste en SI?* | *¿Terminaste en DO?* | *¿Terminaste en FA♯?* |

IEFF8011E

- ¿La M.D. toca **2.**<sup>as</sup> mayores o menores?
  ¿**3.**<sup>as</sup> mayores o menores?

- ¿Qué intervalo justo toca la M.I.?

# El oso

Vladimir Rebikov
(1866-1920, Rusia)
versión original

Un acorde menor se vuelve **disminuido** cuando la 5.ª baja *un semitono*. El acorde disminuido es formado por dos 3.ªs menores.

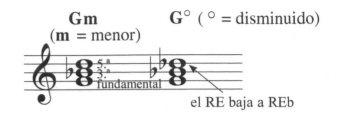

el RE baja a REb

• Toca y escucha cómo cambia el sonido de menor a disminuido.

# Acordes disminuidos

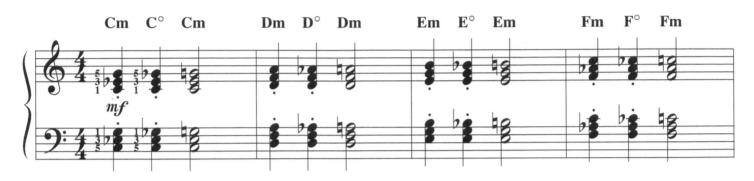

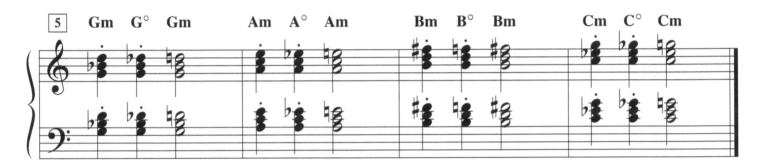

El **acorde disminuido con séptima** es un acorde de 4 notas formado por 3.ªs menores.

• Toca y escucha cómo suena.

# Música de película de suspenso

**Acorde disminuido con séptima**

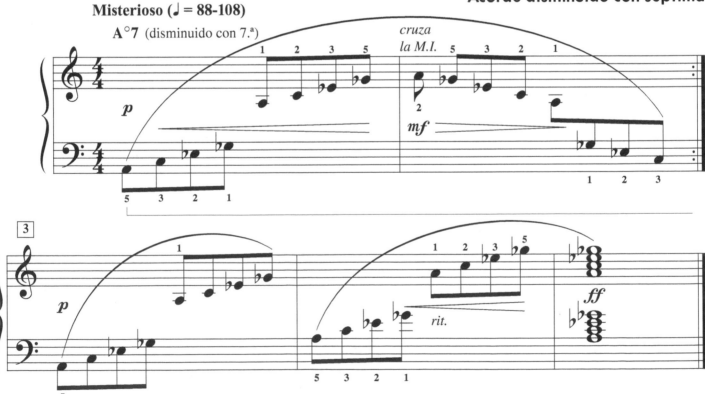

IEFF8011E

Las tonalidades **relativas** comparten la misma armadura (por ejemplo: DO mayor y LA menor).

Las tonalidades **paralelas** comparten la misma tónica (por ejemplo: DO mayor y DO menor). ¿La sección **B** de esta pieza está en la tonalidad mayor *relativa* o *paralela*?

# Balada

**Op. 100, No. 15**

**Tonalidad de ____ mayor/menor**

**Johann Friedrich Burgmüller**
**(1806-1874, Alemania)**
versión original

**Allegro con brio (♩. = 60-69)**

Técnica e interpretación, página 68 (Explosión de intervalos, El explorador de acordes)

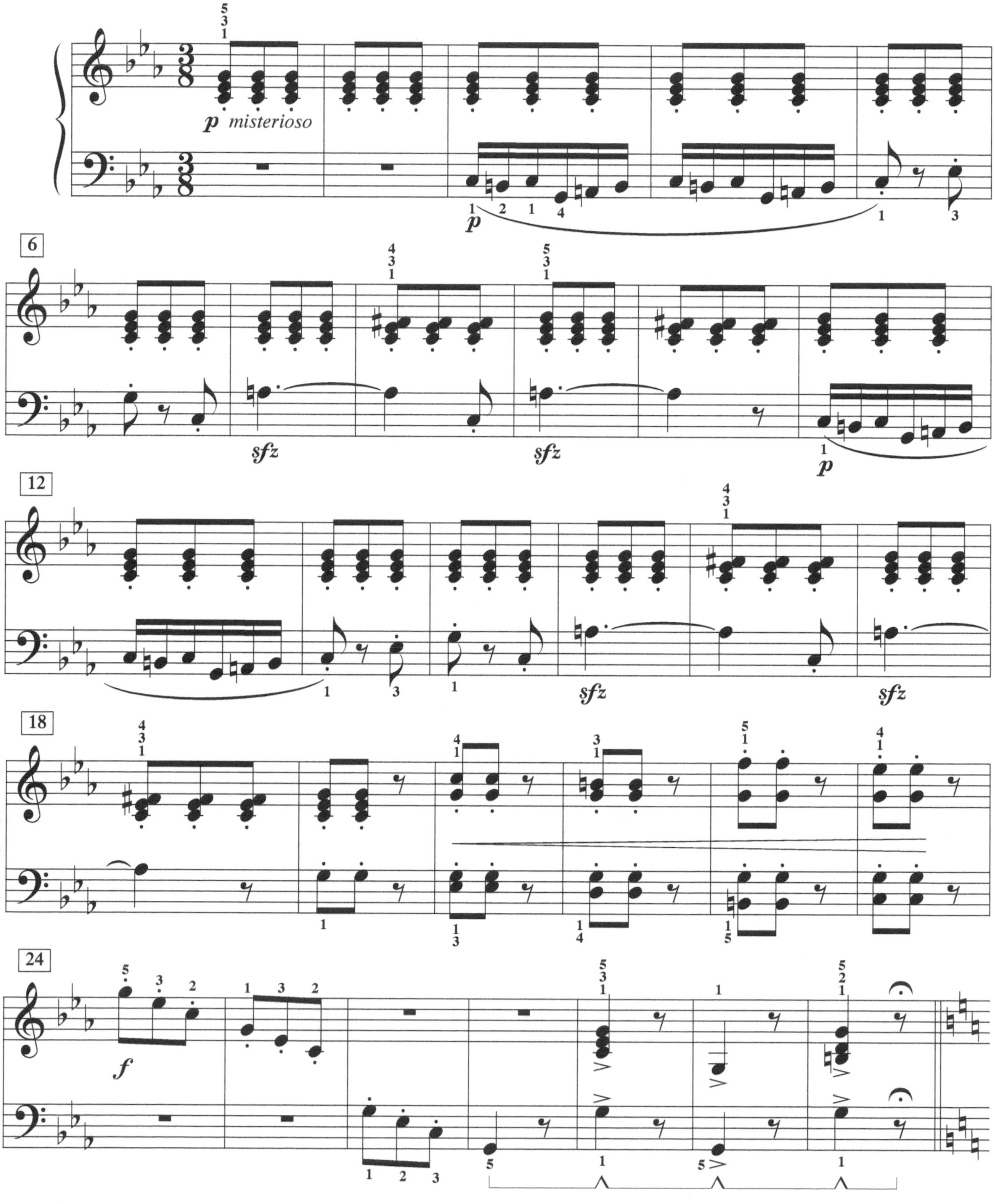

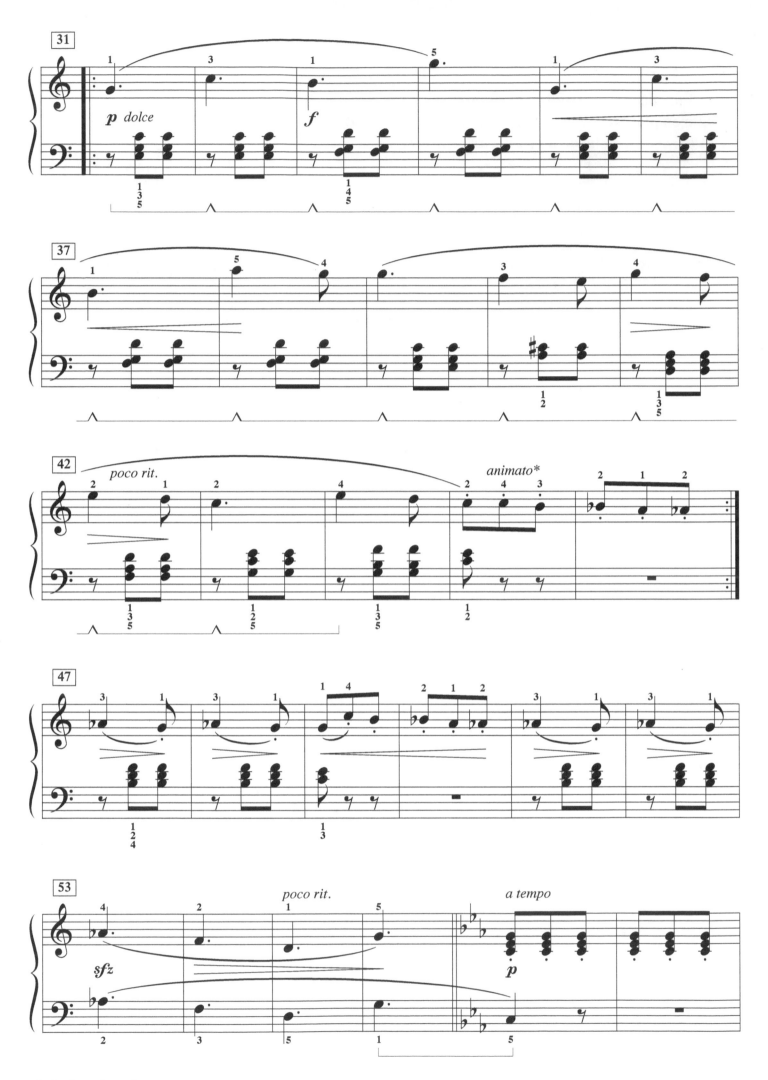

* Animado, vivaz.

IEFF8011E

Un acorde mayor se vuelve **aumentado** cuando la 5.ª sube *un semitono*.

El acorde aumentado está formado por dos 3.ªs mayores.

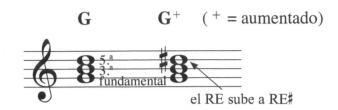

G          G⁺     ( ⁺ = aumentado)

el RE sube a RE#

# Acordes aumentados

- Toca y escucha cómo cambia el sonido de mayor a aumentado.

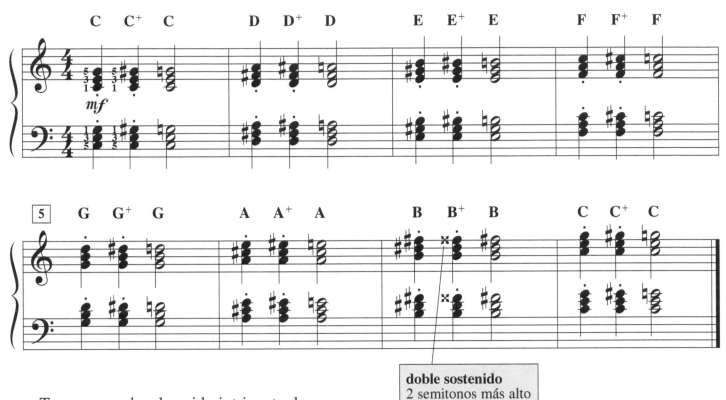

**doble sostenido**
2 semitonos más alto

- Toca y escucha el sonido intrigante de los acordes aumentados.

# Música de película de misterio

Misterioso (♩ = 80-92)

**DESCUBRIMIENTO**

¿La nota fundamental del acorde **aumentado** en esta pieza es la *tónica* o la *dominante*?

IEFF8011E

# Inocencia

## Op. 100, No. 5

**Tonalidad de \_\_\_ mayor/menor**

Johann Friedrich Burgmüller
(1806-1874, Alemania)
versión original

Técnica e interpretación, páginas 69-71 (Bolero)

# Escribe el cifrado

tipo: **mayor**      **menor**      **disminuido**      **aumentado**

**1.**
- Primero identifica la **fundamental**. Recuerda: si es una inversión, la *fundamental* es siempre la nota más alta del intervalo de 4.ª.

- Luego identifica el **tipo** de acorde: mayor, menor, disminuido o aumentado.

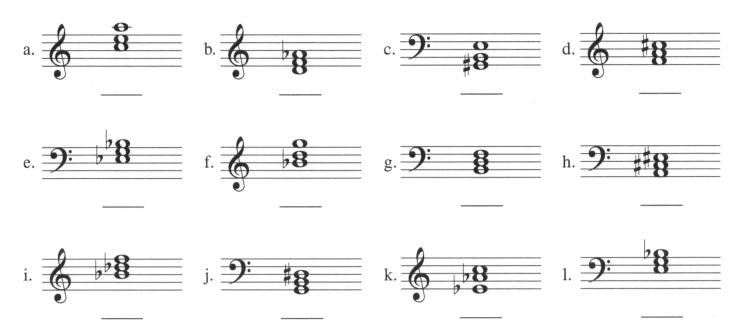

**2.** Conecta cada acorde con su cifrado. Escribe los nombres de las notas en los espacios.

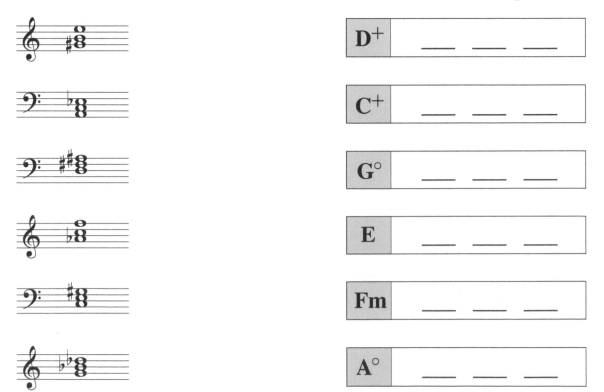

IEFF8011E

# Escribe los acordes

**3.** Escribe estos acordes **mayores**, **menores**, **disminuidos** y **aumentados**.
Puedes usar el teclado para ayudarte (mira las páginas 110 y 114).

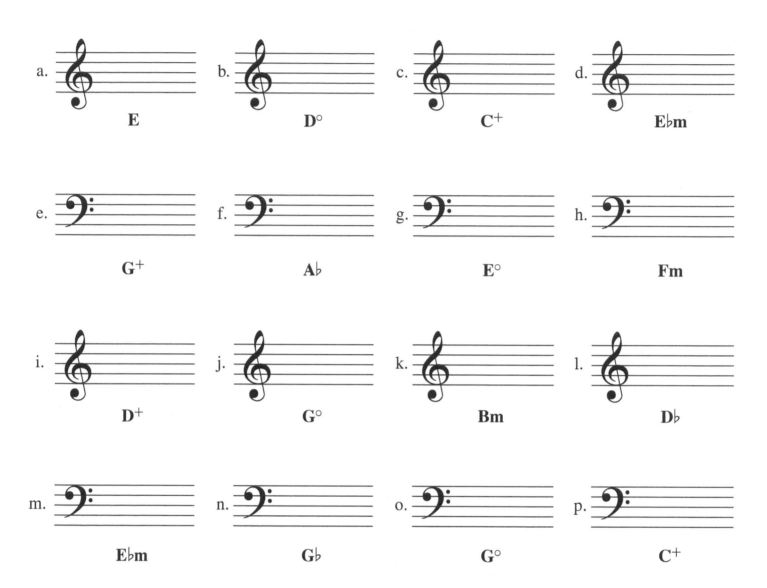

a. **E**     b. **D°**     c. **C⁺**     d. **E♭m**

e. **G⁺**     f. **A♭**     g. **E°**     h. **Fm**

i. **D⁺**     j. **G°**     k. **Bm**     l. **D♭**

m. **E♭m**     n. **G♭**     o. **G°**     p. **C⁺**

**4.**  Tu profesor tocará un acorde, primero quebrado y luego en bloque.
Identifica el tipo de acorde: **mayor**, **menor**, **disminuido** o **aumentado**.

**Nota para el profesor:** puede tocar los ejemplos en cualquier orden y repetirlos varias veces.
También puede inventar sus propios ejemplos.

# Arpegios de dos octavas para la M.I.
## Mayores y menores

Toca cada arpegio siguiendo las indicaciones técnicas que aparecen a continuación y también en el *Libro de técnica e interpretación*.

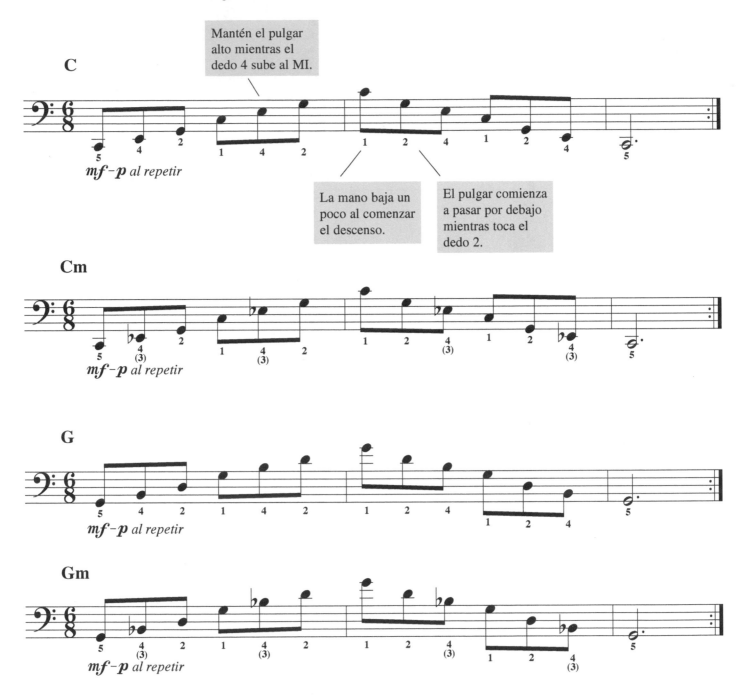

Mantén el pulgar alto mientras el dedo 4 sube al MI.

La mano baja un poco al comenzar el descenso.

El pulgar comienza a pasar por debajo mientras toca el dedo 2.

Continúa tocando en las siguientes tonalidades (los ejemplos te muestran las primeras tres notas de cada arpegio):

Técnica e interpretación, página 72 (Arpegios virtuosos No. 1) IEFF8011E

# Arpegios de dos octavas para la M.D.
## Mayores y menores

Toca cada arpegio siguiendo las indicaciones técnicas.
Pista: comienza con la mano en posición baja y con los dedos abiertos.

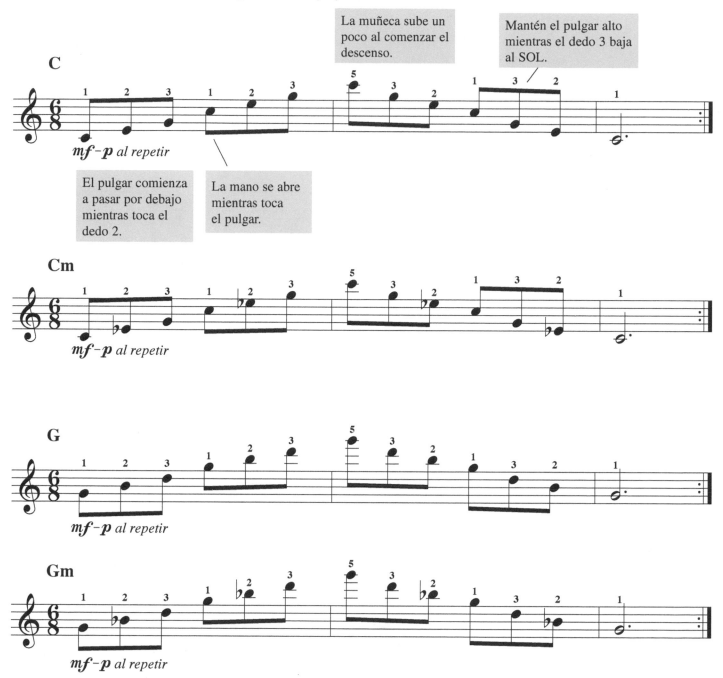

La muñeca sube un poco al comenzar el descenso.

Mantén el pulgar alto mientras el dedo 3 baja al SOL.

El pulgar comienza a pasar por debajo mientras toca el dedo 2.

La mano se abre mientras toca el pulgar.

Continúa tocando en las siguientes tonalidades (los ejemplos te muestran las primeras tres notas de cada arpegio):

## Revisa la forma musical

La forma de esta pieza es: **Intro A B A¹ Coda**

- ¿Puedes marcar las secciones en la partitura?

  Fíjate que la M.D. toca acordes *en bloque* en la sección A y *arpegios* en la sección A¹.

  El símbolo A¹ ("A prima") indica que la sección A se repite con cambios.

# Las olas del Danubio

**Tonalidad de ____ mayor/menor**

Josif Ivanovici
(1845-1902, Rumania)
adaptación

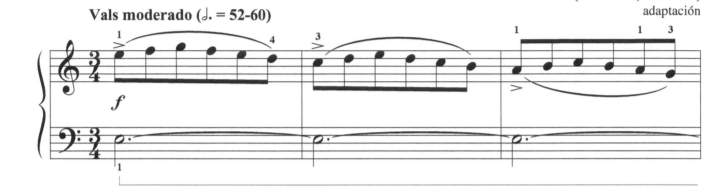

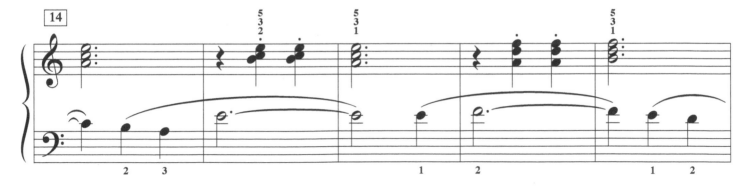

Técnica e interpretación, página 73 (El torbellino)

IEFF8011ES

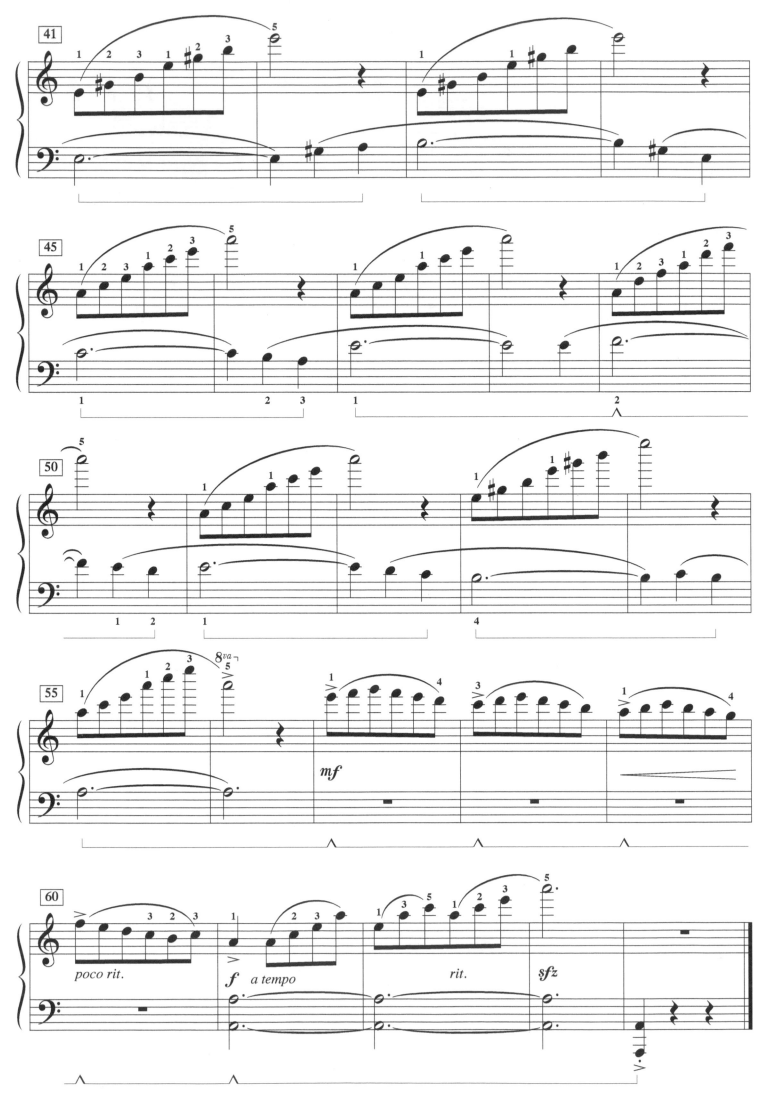

- Escribe las **notas que faltan en la M.I.** para completar los arpegios.

- Escribe la **digitación correcta** en los espacios.

- Practica *Sonidos de arpa* con **pedal**.

# Sonidos de arpa

¡Usa en esta pieza los "secretos técnicos" que aprendiste en
el *Libro de técnica e interpretación* del Nivel 6!

- buen alineamiento con la mano redonda en los pasajes
  de escalas (*compases 1-4*)

- caer para impulsar (*compás 7*)

- círculos de muñeca (*compás 13*)

- *staccato* preciso (*M.I., compás 14*)

- rotación (*octavas quebradas en la M.D., compás 14*)

# Solfeggietto

**Tonalidad de ____ menor**

Carl Philipp Emanuel Bach
(1714-1788, Alemania)
versión original

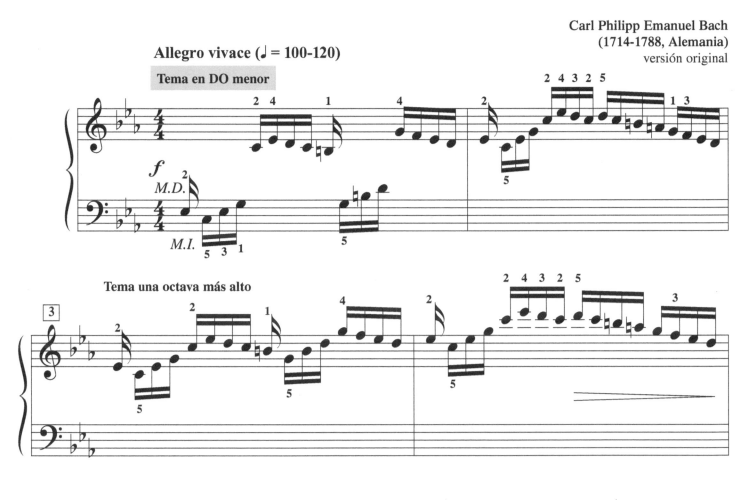

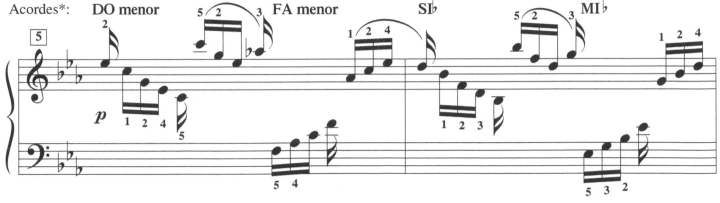

\* Fíjate que esta progresión armónica siempre baja una 5.ª siguiendo el círculo de 5.ªs.

Técnica e interpretación, páginas 75-79 (*Für Elise*)

IEFF8011ES

**Tema en SOL menor**

**Tema una octava más alto**

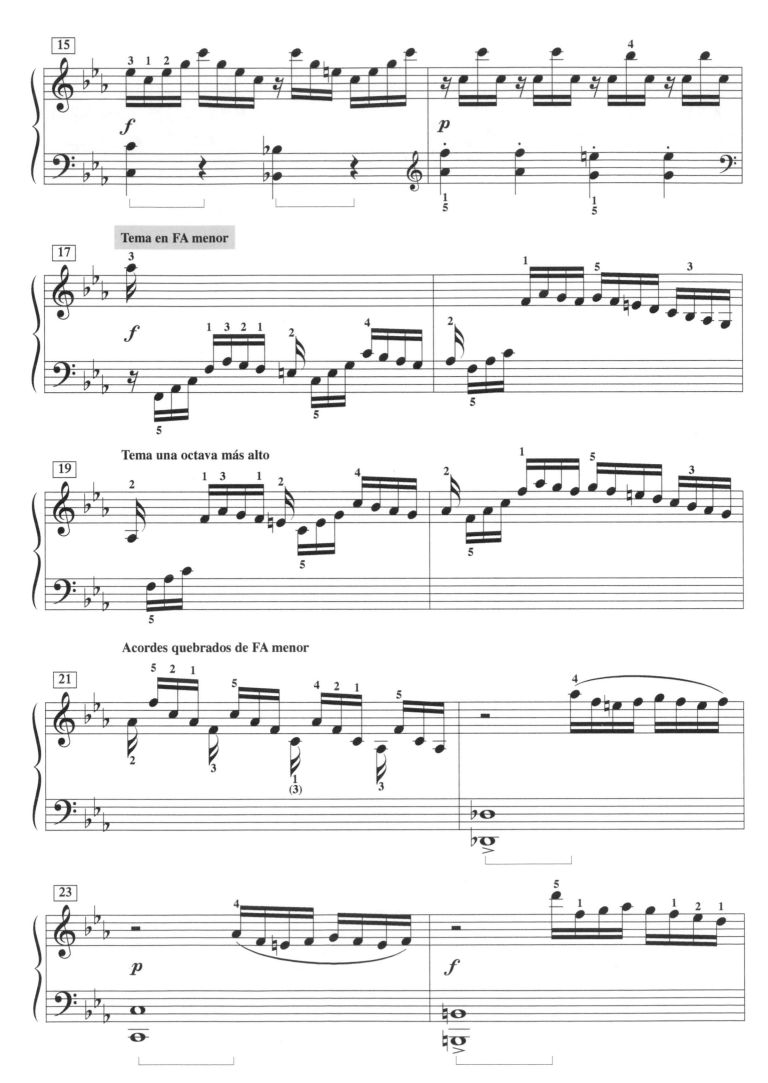

Tema en FA menor

Tema una octava más alto

Acordes quebrados de FA menor

Retorno del tema en DO menor

Tema una octava más alto

# Certificado de mérito

**FELICITACIONES A:**

_____

(Escribe tu nombre)

Has terminado el

**NIVEL 6 de Piano Adventures**®

Profesor: _____

Fecha: _____